KB069292

놀이가 수학을 만들다

놀이가 수학을 만들다

초 판 1쇄 2023년 10월 30일

지은이 하영희, 신비인, 박수진, 민은경
펴낸이 류종렬

펴낸곳 미다스북스
본부장 임종익
편집장 이다경
책임진행 김가영, 신은서, 박유진, 윤가희, 윤서영, 이예나

등록 2001년 3월 21일 제2001-000040호
주소 서울시 마포구 양화로 133 서교타워 711호
전화 02) 322-7802~3
팩스 02) 6007-1845
블로그 http://blog.naver.com/midasbooks
전자주소 midasbooks@hanmail.net
페이스북 https://www.facebook.com/midasbooks425
인스타그램 https://www.instagram/midasbooks

ISBN 979-11-6910-360-2 03370

값 23,000원

배움과 재미를 함께 빚는 29가지 수학놀이

★★★★★
경상남도교육청
2023 초등교사책
출판지원사업 선정작

★★★★★
수학 흥미
쑥쑥 커지는
놀이 놀이

★★★★★
초등 수학
최고 중요 파트
수와 연산 놀이

놀이가 수학을 만들다

하영희 신비인 박수진 민은경

미다스북스

수학 놀이 좋기는
하지만,

놀이가 학교 현장에 들어 온 지는 꽤 시간이 지났습니다. 하지만 수학 수업에서 놀이가 좋다는 것을 알고 있어도 망설여집니다. 수학 놀이 수업에서 힘들었던 점, 고민했던 점, 바라는 점 등 학교 현장의 목소리를 들어 보았습니다.

"그래 놀이, 재미는 있겠지요. 그렇지만 신나게 놀고 잘 배우기 어려워요. 재미는 선명하고 배움은 희미한 놀이가 많아요."

놀이를 해도 배움과 연결되지 않으면 아이들은 즐거웠지만 교사는 찜찜합니다.

아이들은 놀았고 나는 수업을 했나? 헷갈리지요.

"공부가 끝났으니 놀게요."

아이들이 자주 하는 말입니다.

"이번 시간에는 수학 놀이를 할 거예요."

교사가 말하면

"오늘 공부 안 하는 거예요?"

아이들은 말합니다.

아이들은 공부와 놀이를 반대의 개념으로 생각하는 경우가 많지요. 교사인 저도 놀이 수업을 하고 나면 다음 시간 수업 내용을 아이들에게 다시 복습이 필요하다고 생각했습니다. 놀이 수업은 재미에 중심을 두다 보니 아이들은 재미있었지만 배워야 할 교과 내용을 제대로 기억하지 않는 경우가 많았으니까요.

아이들이 자발적으로 참여하고 즐겁게 활동하였다 하더라도 배움과 멀어지면 안 됩니다. 호기심을 갖고 놀이에 참여하며 전략을 살펴보고 전략 수정과 점검하는 단계를 거쳐 점프하는 단계까지 가야 합니다. 이런 단계를 밟지 않으면 아이들은 즐겁게 놀았을지 몰라도, 선생님은 열심히 준비하고 수업했을지 몰라도 아이들의 배움은 크게 기대하기 어렵습니다.

'다섯 자리 수 추측하기' 놀이가 있습니다. 자신의 등에 붙은 수를 알아내야 합니다. 재미를 위해 가위바위보를 하고 이긴 아이만 질문을 하게 하였습니다. 이긴 아이는 질문하고 진 아이는 "예." 또는 "아니오."라고 답하며 수를 알아내어야 합니다. 이 수업에서 중요한 것은 '아이들은 자신의 등에 붙은 수를 알아내기 위해 어떤 질문을 주고받는가?'입니다. 그러나 놀이를 하다 보면 등에 붙은 수를 알아내기 위해 어떻게 질문하고 그 질문에 답을 들으며 어떻게 수를 추측하였는지보다 가위바위보를 누가 더 많이 이기는지가 중요해집니다.

재미와 배움을 빚는 수학놀이에서는 놀이 안내와 그 놀이를 통해 얻어질 배움을 현장의 생생한 이야기로 풀었습니다.

"특히, 아이들이 계산하기(수와 연산 영역)를 싫어해요."

수학은 수와 연산, 도형, 측정, 규칙성, 자료와 가능성 5개의 영역으로 되어 있습니다. 여기서 수와 연산 영역이 많은 비중을 차지하고 있습니다. 다른 영역에서도 수와 연산이 기초가 되어야 하지요. 예전에는 초등 수학을 산수라고 했습니다. 그만큼 초등 수학에서 숫자로 더하기, 빼기, 곱하기, 나누기 등 연산이 많은 부분을 차지하기 때문에 그랬겠지요.

수와 연산은 익히는 데 연습이 많이 필요합니다. 그렇기 때문에 연산은 개인차가 많이 납니다. 교사는 어느 아이의 수준에 맞춰 수업을 해야 하는지 고민이 됩니다. 수학 놀이는 지루해하지 않고 즐겁게 반복할 수 있고, 개인차가 뚜렷하게 구분되지 않아 누구나 즐겁게 참여할 수 있어야 합니다.

소수의 아이들만 능숙하게 할 수 있는 놀이를 하면 나머지 아이들은 흥미를 잃습니다. 곱셈 계산 놀이를 한다고 하더라도 계산이 빠른 아이들만 유리한 놀이는 계산이 느린 아이들에게는 놀이가 아니라 또 다른 형태의 과제가 됩니다.

재미와 배움을 빚는 수학놀이에서는 22개의 수와 연산 놀이를 집중하여 소개하였습니다.

"수학과 더 친해지려면 창의 놀이가 필요해요."

창의 수학 놀이는 이미 알고 있는 수학적 지식에다 창의성의 여러 요소를 적용합니다. 그래서 낯선 수학문제를 접해도 틀에 얽매이지 않고 다양한 방법으로 문제를 해결하는 능력과 도전 정신을 기를 수 있습니다. 또한 개인의 전략을 친구와 지혜를 모아 더 나은 전략으로 발전시키는 협동과 여러 번의 실패, 시행착오를 통해 배우는 것이 익숙하게 됩니다. 나아가 자신이 직접 문제를 만들어 보며 창의성을 기르는 기회도 가지게 됩니다.

창의 놀이는 많지만 초등학생에게 적용하기에는 어려운 활동이 많습니다. 그래서 수학동아리나 영재수업에서 활용되는 경우가 많지요.

재미와 배움을 빚는 수학놀이에서는 수와 연산 놀이와 함께 초등학생들이 쓰기 쉽고 초등 개념과 연결할 수 있는 7개의 창의 놀이를 소개하였습니다.

"놀이 수업을 하면 아이들의 관계 중재가 어려울 때가 많아요."

승패가 갈리는 놀이는 이긴 아이는 행복하지만 진 아이는 속상합니다. 수학 놀이는 대부분 카드를 다 털어버리거나, 더 많이 가지거나, 혹은 더 빨리 도착하거나, 더 많은 점수를 획득하게 하는 놀이가 많았습니다. 승패를 나누는 경쟁 놀이는 '무엇을 알게 되었느냐?'보다 '누가 이겼느냐?'에 집중하게 합니다. 또 친구의 실수나 실패에 예민하게 반응하여 협력할 수 없게 합니다.

대부분 교과서는 단원마다 놀이가 있습니다. 대부분 경쟁 놀이지요. 도형 단원에서 도형과 이름을 연결 짓는 메모리 게임을 할 때입니다. 나는 규칙을 지킨 것 같은데 상대방이 보기엔 어긴 것 같은 묘한 구석이 있나 봅니다. 살짝 구겨진 것을 보고 '특정 카드를 표시한 거지.' 다른 카드 뒤집으면서 '옆에 카드를 본 거 아냐, 카드의 원래 자리에 안 놓고 왜 옮겼어?' 마음에 걸리는 경우가 왜 그렇게 많은지 한 번 터지기 시작한 불만은 끝이 없습니다.

이미 마음이 상한 둘은 계속 부딪히더니 결국 놀이를 마무리하지 못한 채 끝납니다. 경쟁 놀이에서 아이들의 중재에 어려움을 한두 번 겪고 나니 놀이를 할 때는 덜컥 겁부터 납니다.

경쟁은 활동에서 재미를 더할 수는 있지만 협력과 연결에 걸림돌이 될 수 있습니다. 경쟁놀이에서는 결과에 더욱 집중하기 때문에 학습에 몰입하기 어렵지요. 또 실수에 호의적이지 못하며 좋지 않은 결과에 대해 비난이나 트집 잡기에 몰두하기 쉽습니다. 자칫 잘못하면 감정싸움으로 번지게 되어 아이들끼리 서로 고립시키는 상황을 가져오게도 합니다.

재미와 배움을 빚는 수학놀이에서는 경쟁 요소는 최소한으로 낮추고 협동을 할 수 있도록 구성하였습니다.

"놀이, 준비부터 수업까지 온 신경을 쏟고 나면… 오!! 나에겐 아직 수업해야 할 4시간이 남아 있습니다!"

놀이를 준비하느라 내가 쏟는 시간과 노력에 비해 효과가 확실하지 않다고 느낄 때가 많았습니다. 간단한 준비물로 할 수 있고 열심히 익힌 규칙을 여러 번 사용할 수 있으면 좋겠다는 생각을 자주 하였습니다. 교실은 학생 수, 수학 흥미도와 이해도, 학년 등 다양한 환경을 가집니다.

그렇기에 놀이 자료가 손쉽고 방법과 규칙은 유연하며 다양한 학습에 적용될 수 있어야 합니다. 교사는 매년 학년이 바뀌기 때문에 다른 학년에도 적용 가능하면 더 좋겠지요.

재미와 배움을 빚는 수학놀이에서는 하나의 놀이 방법으로 다른 단원이나 다른 학년에서 적용할 수 있도록 다른 학년의 적용가능성을 함께 소개하였습니다. 준비물과 활동지는 QR코드로 쉽게 출력해서 사용하실 수 있습니다. 준비물은 선생님이 가지고 계신 다른 교구들로 대체 가능하며 주로 주사위와 숫자카드를 활용하여 할 수 있는 놀이가 많습니다.

수업은 가르치는 것이 아니라 배우는 것입니다. 교사의 전문성은 가르치는 데 있는 것이 아니라 아이들을 잘 배우게 하는 것에 있다고 생각합니다. 더 나아가 아이들이 행복하게 살 수 있도록 돕는 것이지요. 그 속에서 교사도 함께 행복해야겠지요.

'**수학 시간 좋은 일이 많이 생기는 것을 상상하지 못했어요.** 수학 시간이 되면 시간이 금방 지나갑니다. 시작한 지 얼마 안 된 것 같은데 종이 칩니다. 금요일만 수학이 없습니다. 그래서 월, 화, 수, 목, 금 모두 수학 수업을 해야 합니다. 수학은 어려워도 열심히 놀면서 공부하는 재미가 있습니다. 앞으로 열심히 수학 공부를 하려고 하니 응원 부탁드립니다.'

3학년을 마치며 한 아이가 건넨 편지 내용입니다. 우리가 꿈꾸는 수학 수업은 이런 수업이라고 생각합니다. 수학 놀이로 아이들과 교사 모두 행복한 수학 수업을 만드는 데 도움이 될 수 있으면 좋겠습니다.

재미와
배움을
비벼
함께
빚어
볼까?

1

수학이 그냥 재미있을 수는 없을까?

'아~, 이거 왜 해야 하지?'

하기 싫은 것을 억지로 해야 할 때 우리는 '왜?'라고 묻습니다.

억지로 하기 위해서는 이유라도 있어야 하기 때문이지요.

"수학 왜 배워요?"

아이들이 자주 하는 질문입니다.

"수학은 모든 기술의 바탕이 된단다. 음악과 미술 예술과도 밀접하지. 주변을 둘러봐. 사물함과 신발장의 번호, 시계, 달력 많은 곳에 수학이 있어. 또 수학은 생각하는 힘을 길러 준단다."

수학을 왜 배워야 하는지, 어떤 쓸모가 있는지 장황하게 설명하지만 교사인 저도 잘 모르겠습니다.

"체육은 왜 해야 할까?"

제가 아이들에게 질문합니다.

"몸이 튼튼해지니까요. 재미있으니까요. 왜 그런 걸 물어봐요?"

당연한 걸 왜 물어보는지가 궁금합니다.

재미있는 것을 하는 데는 이유가 필요하지 않으니까요.

지금까지 수학에는 왜 그렇게 이유가 많이 필요했을까를 생각해 보니 재미가 없어서였습니다.

수학도 이유 없이 "그냥 재미있으니까."라는 답을 들을 수 있다면 얼마나 좋을까요?

재미있고 즐거우면서 따뜻한 수학. 어떤가요?

다른 교과는 그래도 어울리는 것 같은데 수학은 아닌가요?

하지만 초등 수학 수업에서 재미와 즐거움, 따뜻함이 없다면 아이들은 어떨까요?

지식과 기술은 그 자체보다 그것과 연결되는 사람에게 의미가 있어야 한다고 생각합니다. 인간은 이성적이며 또 감정적이기 때문이지요. 무엇인가를 하게 하는 동기는 합리적인 설득보다 다양한 분위기와 감정을 유발하여 긍정적인 마음을 가지게 하는 것이 더 유용할 때가 많습니다.

과학 시간, 미술 시간, 음악 시간, 체육 시간 아이들은 "선생님, 오늘 뭐 해요?"

라고 눈을 반짝이며 질문합니다. 수학 시간에 "오늘 뭐 해요?"라고 기대에 찬 질문을 들어본 적이 있나요? 아이들은 수학 시간이 궁금하지 않습니다.

'왜 궁금하지 않을까요?'

시간표를 보았을 때 기대되는 교과를 조사한 적이 있습니다. 가장 기대되는 교과는 체육입니다. 그다음이 음악과 미술, 과학입니다. 가장 적은 선택을 받는 교과는 예상한 대로 수학입니다. 아이들은 몸을 움직일수록, 협동할수록, 선택권이 주어질수록, 주변 평가에 대한 압박이 적을수록, 그 수업의 부담감이 적고 기대가 높다고 대답하였습니다.

수학 수업은 몸을 움직이지 않고 가만히 앉아서, 협동하기보다는 혼자서 끙끙대며, 스스로 해결하기보다 설명한 대로, 잘하지 못하면 질책을 받아가며 한다고 생각합니다. 그렇기 때문에 기대보다는 회피하고 싶은 마음이 드는 것이지요. 이렇게 부담은 크고 기대는 낮은 수학 수업에서는 더욱 아이들에게 긍정적인 반응을 이끌 수 있는 방법이 필요합니다.

긍정적인 감정이 생겨야 집중할 수 있고 오래 기억할 수 있습니다. 부정적인 감정에 사로잡혀 있으면 아이들은 학습에 집중할 수 없습니다. 부담감과 불안감이 높으면 인지적 사고의 폭은 좁아지고 유연성이 떨어집니다. 긴장하거나 불안감이 높을 때 주변을 잘 살피지 못하고 평소에는 잘하던 것도 실수한 경험이 있지 않나요?

긍정적인 감정은 학습에 대한 즐거움과 참여를 촉진합니다. 정보를 더 잘 이해하고 기억할 수 있게 하지요. 즐겁게 배울 때, 아이들은 스스로 동기를 부여합니

다. 학습에 적극적으로 참여하고 꾸준하게 노력할 수 있는 힘을 얻습니다. 배움이 즐겁다면 아이들은 더 많은 시간과 노력을 투자하고 싶어 합니다. 긍정적인 감정은 배움을 지속하는 데 매우 중요합니다.

아이들은 언제나 어떻게 놀까 고민하기에 바쁘지요. 오늘도, 내일도, 지금도, 다음 시간에도 놀고 싶어 합니다. 놀이는 아이들에게 기쁨과 즐거움을 줍니다. 해가 지는 것도 모르고 배가 고픈 줄도 모르고 계속 논 적이 있지 않나요? 교사인 저도 늘 놀고 싶답니다. 대가도 없고 누가 시키지도 않았는데 정말이지 열과 성을 다해서 놉니다. 고무줄 한 가닥이나 돌멩이 하나만 있어도 다채롭고 열정적으로 놉니다. 놀이에서 느끼는 재미가 그만큼 크기 때문입니다. 재미는 무엇인가를 하는 데 큰 동력이 됩니다. 재미있다면 같은 일을 반복할 수 있습니다. 반복한 내용을 바탕으로 더 재미있거나 효율적인 방법을 찾아내기도 하지요. 놀이를 생각하면서 부정적인 생각을 떠올리는 아이는 아마도 없을 것입니다. 노는 상상만으로도 얼굴 가득 웃음꽃이 피겠지요. 놀이는 아이들의 긍정적인 감정을 이끌어낼 뿐만 아니라 중요한 사회적 기술을 자연스럽게 익히게 합니다.

예전에는 골목, 놀이터마다 끼리끼리 노는 아이들 모습을 많이 볼 수 있었습니다. 요즘에는 즐겁게 놀고 있는 아이들의 모습을 보기 어려워졌습니다. 특히 팬데믹으로 아이들은 친구들과 놀아 본 경험이 매우 부족합니다. 올해 4학년이 된 우리 반 아이가 학교를 입학하고 지금까지 한 번도 친구와 놀아 본 적이 없었다고 말하였습니다. 얼마나 안쓰럽고 안타깝던지요.

　아이들이 친구들과 가장 오랜 시간을 보내는 곳이 학교입니다. 놀이는 규칙을 익히고 어떻게 행동할 것인지, 사회적 태도를 배우게 합니다. 아이들은 놀면서 서로의 기분과 행동을 관찰하고 대처하며 행동합니다. 재미있게 놀기 위해서 서로 존중하며 배려해야 함을 본능적으로 알고 있답니다. 논다고 항상 즐겁기만 한 것은 아닙니다. 다툴 때도 있고 기분이 상할 때도 있지요. 같이 놀기 위해서는 부딪히는 문제의 해결 방법을 찾아내어야 합니다. 학교에서 또래들과 놀 시간이 없으면 건강한 사회적인 상호작용을 경험하며 사회성을 발달시킬 수 없습니다. 또래들과 놀면서 부딪히는 문제를 적절하게 해결하는 방법을 배우며 사회적 상호작용의 기술을 익히게 되는 것이지요. 이런 어려움을 잘 해결하지 못하면 무력감과 좌절감, 자기 비하의 감정을 느끼게 됩니다. 놀이는 사회성 발달과 건강한 정서발달에도 큰 영향을 준답니다.

　놀이는 아이들이 배워야 할 존중, 배려, 협동, 소통, 문제해결 능력을 키우고 건강한 정서발달을 돕습니다. 건강한 정서를 바탕으로 올바른 또래 관계가 형성된 교실에서는 큰 문제가 생기지 않습니다. 문제가 생겨도 잘 해결될 수 있겠지요.

　수학 문제 만들기 놀이를 할 때입니다. 아이들은 문제를 만들 때 친구가 이해할 수 있는지를 먼서 생각하는 모습을 보였습니다. 자기가 낸 문제를 친구가 이해하지 못했을 때는 책임감을 갖고 친구의 입장에서 이야기를 나누려고 노력하였습니다. 배려하고 끝까지 협력하며 해결하려는 모습이 얼마나 예쁘던지요.

2

어떻게 배움과 재미를 함께 빚나요?

아이들은 놀면서 배워야 잘 배울 수 있습니다. 그럼 놀면서 잘 배우려면 무엇이 필요할까요? 놀이의 재미 요소와 수학의 중요한 배움을 함께 빚으려면 어떻게 해야 할까요? 재미있게 놀기 위해서는 스스로 선택한 놀이여야 하고 협동해야 합니다. 수학에서 아이들이 배워야 할 중요한 배움은 여러 번의 실패를 유의미하게 받아들이고 사고력과 문제해결력을 기르는 것입니다.

1. 자기 선택에서 출발합니다

놀이는 스스로 참여함으로써 능동적인 내적동기를 얻게 되지요. 놀이에서 선택의 자유는 아주 중요합니다. 아이들은 스스로 선택한 활동만을 놀이로 생각하며 다른 사람이 지시한 활동은 과제로 인지한다고 합니다.

놀이가 되려면 자기가 직접 선택하여 동기를 부여받고 결과에 대한 자기 수용을 거쳐야 하지요. 어떤 놀이를 누구와 할지, 또 어떤 도구를 사용할지 수학 놀이에서는 많은 것을 열어 두었습니다.

상자 안에 앉아 있는 아이가 있습니다. 상자 안에 있는 아이에게 무엇을 하는지 물어보세요. 아이에게 상자는 상자가 아닙니다. 그것은 자동차일 수도 있고 우주선이 될 수도 있으며 로봇일수도, 괴물일 수도 있습니다. 놀이가 되려면 아이들이 자유롭게 상상하고 유연하게 상황을 통제할 수 있어야 합니다.

숫자 카드 세 장을 뽑아 세 자리 수를 만들고 그 수를 원하는 위치에 놓으며 수 탑을 완성하는 놀이가 있습니다. ([세 자리 수] 수 탑을 완성해 볼까?) 아이들은 어떤 수를 만들지, 만들 수를 어디에 놓을지 선택하고 그 결과를 확인하며 즐거워합니다. 스스로 많은 상황을 고려하며 선택하기 때문에 자신이 상황을 통제한다는 정서적 만족감도 느끼면서 자릿값과 수의 크기 비교도 배울 수 있지요.

2. 서로 들어주는 협동을 기본으로 합니다

놀 때에는 모르는 깃을 쉽게 모른다고 인정할 수 있고 사소한 질문도 쉽게 주고받을 수 있습니다. 그렇기 때문에 친구의 실수에도 너그러워집니다. 실수가 쉽게 허용되는 분위기가 되어야 더 깊이 생각하고 새로운 것에 도전할 수 있습니다. 부드럽고 따뜻한 분위기는 자유롭게 아이디어를 나눌 수 있게 하고 아이들의 자존감을 높입니다. 사람은 자신의 의견을 물으며 존중해 줄 때, 자신이 낸 아이디어를 무시하지 않고 인정해 줄 때, 자존감이 높아진다고 합니다. 긍정적인 자아개념을 형성하면서 타인에게 너그러워집니다.

서로 들어주는 협동이 일어나게 위해서는 무슨 대답을 하더라도 '너는 그런 것도 모르니?', '야, 그걸 질문이라고 하냐?' 등의 부끄럽게 만드는 면박이나 질책의 말들은 사전에 차단해야 합니다. 아이들은 언제나 이야기를 나누면서 추측하고 수정해도 된다고 느끼는 경우 적극적으로 생각하고 자신의 생각을 말할 수 있습니다. '다르게 할 수도 있구나.', '그거 흥미롭다.', '새로운 생각이라 신선해.' 등 모든 아이디어는 수정하고 조정 가능하다고 생각하면 면박이나 질책보다는 격려, 감사를 나누며 다양한 생각을 나눌 수 있습니다.

존 듀이는 '보고 있으면 관찰자이지만 듣게 되면 참가자'라고 했습니다. 수학 놀이에서는 개인의 전략을 서로의 생각을 귀담아 들으며 더 나은 전략으로 발전시켜 나가는 그 과정을 협동으로 봅니다. 자신의 아이디어가 다른 사람의 아이디어와 합하여 더 나은 일반화된 개념으로 나아가는 경험은 협동을 통해 얻게 되지요. 이 과정에서 규칙, 페어플레이 같은 세상에 필요한 개념을 배우고 자신을 다스리는 법과 인간관계를 맺는 법도 연습합니다.

십면체 주사위 두 개를 굴려 나온 숫자로 두 자리 수를 만들고 자신이 만든 수를 100판에서 찾아 동그라미를 하는 놀이가 있습니다. 두 개의 숫자를 어느 위치에 두느냐에 따라 달라지는 수를 보며 자릿값을 익히게 되지요. 이 놀이에 자신이 만든 수를 동그라미 하기 전에 다양한 방법으로 표현하게 한다면 어떨까요? 두 자리 수의 지도에서 수의 구성을 다루는 것은 중요합니다. 왜냐하면 99까지 수의 구성을 이해하는 것이 모든 자연수의 구성을 이해하는 데 기초가 되기 때문입니다. 55는 '54보다 1만큼 더 큰 수', '56보다 1만큼 더 작은 수' 등으로 이해하도록 해야 하지요. 100판을 보면서 아이들은 자신이 만든 수를 다양하게 표현할 수 있습니다. 1만큼 더 큰 수, 1만큼 더 작은 수로 표현하다가 2만큼 더 큰 수, 5만큼 더 작은 수, 10만큼 더 큰 수, 20만큼 더 작은 수 등으로 다양하게 표현하겠지요. 친구의 아이디어를 받아들이며 수의 구성 원리를 탐색하게 되는 것입니다. ([1~99까지 수] 내 수를 소개합니다.)

3. 엉터리가 되거나 실패를 경험합니다

"요즘 아이들은 생각하기를 싫어해서 걱정이에요." 그렇지 않습니다. 길가의 간판을 처음 읽게 되었을 때, 끙끙대던 문제를 해결했을 때, 뿌듯함을 온몸에 드러내며 미소를 감추지 못하던 아이들을 본 적 있지 않나요?

수학이 자기를 괴롭힌다고 말하는 아이도 있습니다. 생각하기 싫은데 계속 생각하기를 요구하기 때문이라고 말입니다. 아이들이 말하는 수학은 수학 자체가 아닙니다. 수학을 공부하는 방식, 수학 공부에 대한 안 좋은 기억과 수학 공부를 할 때의 불안, 좌절 등 그때의 기분을 말하는 것이지요. 생각=정답이라는 수학 교육이 아이들에게 수학을 괴롭다고 느끼게 한 것이라 생각합니다. 아이들이 나름의 생각을 풀어내며 엉터리와 실패 속에서 배우는 과정을 생략하고 정답에 바로 도착하기를 기대하였기 때문이지요. 하지만 실패의 과정 없이 배울 수는 없습니다. 놀이는 즐겁게 실패하게 합니다.

곱셈 수널판 놀이가 있습니다. 아무것도 주어지지 않은 6칸을 제시하고 그 칸에 들어갈 곱셈식을 찾게 하는 것이지요. 아무것도 주어지지 않았기 때문에 한 번으로 성공하기는 매우 어렵습니다. 곱셈식 추리 과정에서 여러 번의 실패는 당연합니다. 틀려도 속상해하지 않습니다. 틀린 과정 속에서 많은 단서를 얻게 되니까요. 실패에서 의미를 찾을 수 있으면 아이들은 반복 연습을 싫어하지 않습니다. [곱셈구구] 곱셈 수널판) 3×9, 4×6, 5×7, 7×8, 8×6… 등 반복적으로 계산하게 하거나 하나의 정답을 찾는 여러 문제를 해결하는 것보다 곱셈 수널판에 들어가는 숫자를 찾기 위해 아이들은 더 많은 곱셈식을 외우고 계산합니다. 하나의 문제를 해결하기 위해 여러 번의 사고과정을 스스로 거치게 되지요.

실패는 그 방향으로 가면 안 된다는 것, 또 다른 방향으로 갈수도 있다는 것을 알려주지요. 수학 놀이는 실패 속에서 생각하는 연습을 하게 합니다. 이리저리 궁리하는 과정에서 생각하는 것이 자연스러워지지요. 이는 다른 방향과 다른 방법을 생각해 낼 수 있다는 것입니다. 하나의 길만 있다고 생각하면 실패가 끝이 되겠지요. 하지만 다른 방향, 다른 방법이 있다는 것을 알면 그것은 끝이 아닙니다. 단순 계산으로 하나의 답을 구했던 아이들은 새롭거나 어려운 문제에 부딪히면 쉽게 포기합니다. 하지만 시행착오를 겪으며 놀았던 아이들은 쉽게 포기하지 않습니다. 어려운 문제에 부딪히게 되더라도 '차근차근 다른 방법을 생각해 보면 되지 뭐.'라며 다시 도전하겠지요.

놀이는 결과보다 과정 중심적입니다. 놀이는 과정에서 만족을 얻는 것이니까요. 놀이 결과에 대한 부담이 없기 때문에 다양한 변화를 마음껏 시도해 볼 수 있습니다. 그래서 놀이는 융통성이 아주 많이 부여되어 있지요. 아이들은 융통성 속에서 자유로움과 성취감을 느낀답니다. 수학 놀이는 엉터리와 실패를 즐겁게 받아들일 수 있도록 하며 그 속에서 배움을 추구합니다. 위험을 무릅쓰고 용감하게 실패에 뛰어들어 신나게 노는 동안 아이들의 생각하는 힘이 쑥쑥 자라날 것입니다.

4. 자기 나름의 전략이 바탕이 된 전략수정과정입니다

가르침 중심 수업에서는 전략수정이 일어나지 않습니다. 아이들에게 세세하게 안내하고, 그 절차에 따라 차근차근 따라 하게 하니까요. 교사(교과서)가 제시하는 방법대로 따라 하면 자신의 전략을 점검할 필요도 없으며 배우는 내용의 타당성을 따져 볼 수도 없습니다. 자신의 생각을 점검하는 시간을 주지도 않고 타당한지 그렇지 않은지도 결정하지 않은 채로 그냥 받아들이라고만 하는 것은 배움이 아니라 강요가 아니었을까요?

기존 수업과 같은 방식으로 진행하면서 몇 개의 놀이 행위를—예를 들어 가위바위보나 자리 옮기기 등— 넣어 놀이 행위 자체에 많은 시간과 에너지를 쏟게 하면 잘 배울 수 없습니다. 아이들에게 배우는 즐거움을 주어야 합니다. 가위바위보를 하여 이긴 친구만 활동을 할 수 있는 놀이는 가위바위보를 계속 지는 친구는 배울 수 있는 기회를 얻지 못하게 합니다. 단지 가위바위보를 졌다는 이유만으로 말이 지요. 주사위를 활용한 놀이를 한다면 주사위를 던지는 행위보다는 주사위를 던 져 나온 수들을 어떻게 조합할 것인지, 어떤 식을 세울 것인지 등의 전략을 세우 고 그 전략의 결과를 확인하여 친구들의 전략을 살펴보며 내 전략을 수정할 기회 가 주어져야 합니다.

주사위를 굴려 나온 세 수로 혼합계산식을 만들어 뒤집어 놓은 카드에 가까운 결과를 구하는 놀이가 있습니다. 카드는 숫자가 보이지 않기에 자기가 계산하기 편한 더하기 빼기로만 식을 만들 수 있습니다. 아이들이 다양한 혼합계산식을 만 들며 놀기를 바란다면 카드에 색을 넣어 아이들이 다양한 혼합계산식을 만들 수 있도록 의도할 수 있습니다. 수의 범위에 따라 카드 색을 다르게 제시하는 것으로 말이지요. 이제 아이들은 카드의 색을 보며 나올 수를 예상합니다. 주사위를 굴려 나온 수가 3, 5, 8이고 수의 크기가 작은 카드색이라면 빼기와 나누기로 식을 만 들 것이고, 수의 크기가 큰 카드색이라면 더하기와 곱하기의 혼합식을 만들겠지 요. ([혼합계산] 색깔에 따라 전략을 바꿔라)

아이들은 놀면서 자기 전략을 점검하고 더 나은 전략으로 발전시킵니다. 전략 수정 과정에서 아이들은 자기의 처음 생각(전략)이 이치에 맞는지 따져보게 됩니 다. 자신이 무엇을 모르고 무엇을 아는지 스스로 인지하는 메타인지를 발전시키 지요. 모른다는 것을 인지할 때 배움이 더 의미 있습니다. 모르기 때문에 지금 배 우는 것이 더 가치 있게 느껴지고 자신의 발전에 더 관심을 가질 수 있기 때문이지요.

놀이를 잘하기 위해 아이들은 나름의 전략을 세웁니다. 이런 자기 나름의 전략은 중요합니다. 자기의 전략이 있어야 친구의 전략에도 관심을 가지게 되고 나의 전략을 친구에게 전할 수 있으며 서로의 전략을 비판적으로 검토할 수 있지요. 자기가 가진 처음 전략이 놀이에서 효율적일 수도 있고, 또 효율적이지 않거나, 전혀 해결에 도움이 되지 못하는 엉터리 전략일 수도 있습니다. 하지만 놀이에서는 서로의 전략을 주고받으며 더 좋은 전략을 발견하면 그것을 받아들여 부분적으로 -아니면 전체적으로- 빠르게 수정 보완하는 과정이 반복적으로 일어납니다. 이를 통해 소박하고 단순했던 자기 생각이 객관성을 지닌 타당한 생각으로 향상되는 것입니다. 수학은 규칙을 통해 드러나는 일반성에 대해 알아가고 이를 표현하는 수학적 언어를 배우는 시간입니다. 그러므로 객관성을 지닌 타당한 생각으로 향상되는 경험이 매우 중요합니다.

5. 스스로 점프하게 합니다

'하나를 가르쳐서 열을 알려면 놀아야 한다.'

하나를 가르치면 하나를 얻습니다. 하나를 가르쳐서 열을 알려면 배운 것의 확장이 일어나야 합니다. 놀이는 스스로 점프하게 합니다.

설명을 듣고 배운 과정대로 정답에 이른 것을 안다고 착각할 때가 많습니다. 설명을 들으며 이해되었다고 착각하지만 혼자 하려고 보면 되지 않는 경우가 많지요. 내비게이션을 따라갔던 길을 혼자서 찾아 가야 할 때와 같습니다. 누군가가 설명을 해 줄 때는 유도한 대로 따라가며 척척 해결했지만 혼자 할 때는 온통 헷갈리는 것 투성입니다. 여기저기 숨어 있는 갈림길은 또 얼마나 많은지요.

놀이는 여러 가지 전략을 직접 생각하고 활동해야 합니다. 주도권이 아이들에게 있지요. 주도권이 아이들에게 있기 때문에 어떻게 하든 목적지에 도착할 수 있는 방법을 나름대로 생각하게 됩니다.

여러 가지 방법을 나누고 길을 찾는 과정에서 사고의 점프가 일어납니다. 분모가 같은 분수로 피자 한 판 만들기 놀이를 하다가 분모가 다르더라도 한 판을 만들 수 있는 방법을 생각해 내기도 합니다. ([분수의 덧셈과 뺄셈] 피자 한 판 만들기)

두 수를 곱해 나온 수의 합을 적은 봉투에 들어 있는 수를 추측하는 놀이를 통해 아이들은 곱셈을 넘어서 약수의 개념을 익히기도 합니다. ([소수] 누구랑 누구랑 짝꿍일까?)

차근차근 배우는 것도 중요하지만 그렇게 내딛는 걸음이 스스로의 결정에 의해서 나아가야 추진력이 생깁니다. 놀이는 스스로 여러 길을 개척해 나가는 것이기에 하나를 배웠지만 두 가지, 세 가지… 열 가지로 배운 내용이 확장됩니다.

처음에는 교사가 어느 정도의 규칙과 방법을 안내해 주며 놀이를 하게 됩니다. 놀이가 익숙해지고 나면 아이들은 스스로 놀이를 발전시켜 나갑니다. 특히 창의 놀이는 아이들이 그 활동을 해 보는 것을 넘어 직접 놀이의 제작자가 되는 경험까지 나아갑니다.

배움과 재미를 함께 빚기 위한 5가지 핵심 포인트!

수학 놀이는

1. 자기 선택에서 출발합니다.

2. 서로 들어주는 협동을 기본으로 합니다.

3. 엉터리가 되거나 실패를 경험하게 합니다.

4. 자기 전략이 바탕이 된 전략수정 과정입니다.

5. 스스로 점프하게 합니다.

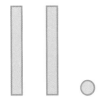

수학
놀이로
초대
해요

1

수학과 친해지는 교실

[수학 첫 시간 열기] '수학' 어떻게 생각해?

3월이 되면 자기소개, 친교 활동, 학급 규칙 세우기 등을 하며 새 학기를 맞이합니다. 새로운 교실에서 새로운 친구와 선생님을 만났으니 새 학년에 알맞은 규칙을 세워야 합니다. 우리 학급에 대한 긍정적인 경험이 쌓여 앞으로 잘 적응할 수 있도록 다양한 프로그램도 실시하게 되지요.

만약 새 학기 첫 시간이 수학 시간이라면 아이들 반응이 어떨까요? 상상하지 않아도 벌써 아이들의 탄식 소리가 귀에 들리는 듯합니다.

수학 시간도 새 학기 맞이가 필요하지 않을까요? 수학에 대한 긍정적인 인식을 높여 수학 시간이 좀 더 기대되거나 적어도 불편하지 않도록 말이죠.

'수학'을 어떻게 생각해? 이야기하기 어렵다면 '수학' 하면 어떤 게 떠오르는지 카드에서 골라볼까?

〈이미지카드(이미지프리즘/학토재)를 활용한 화상수업자료(아이스크림 팅커벨)와 실제 수업 장면〉

수학에 대한 아이들의 인식을 알아보기 위해 이미지 카드를 활용하면 도움이 됩니다. 섣불리 꺼내기 힘든 마음을 이미지로 드러낼 수 있기 때문이죠. 자신이 고른 카드에 대한 아이들의 생각을 듣고 있노라면 어쩜 저렇게 기발한 생각을 할 수 있는지. 그림에서 직관적으로 느낄 수 없었던 솔직하고 다양한 해석까지 나눌 수 있어 흥미롭습니다.

아이들의 생각들을 잠시 소개해 볼까요?

먼저 '주사위의 앞 위가 7을 나타내므로', '길이를 재는 줄자가 있어서'처럼 단순히 수학적 이미지라서 선택하는 경우가 있었습니다.

'꽃들이 모여 있는 것처럼 수학하면서 생각을 잘 모을 수 있으면 좋겠다.'거나 '어려운 문제를 풀 때는 내가 본 적 없는 새로운 동물을 만난 것처럼 신기하다.'라는 감상을 쓴 아이도 있었지요.

'수학 시간이 선물 같다, 말처럼 자유롭게 느껴진다, 다트를 할 때처럼 즐겁게 느껴진다.' 등의 긍정적인 생각들도 제법 보였습니다.

하지만 대부분 '수학하는 시간은 24시간처럼 느껴져서, 자물쇠처럼 풀기 어려워서, 수학 시간만 되면 잠이 와서, 회전목마처럼 어지러워서, 시간이 안가서 시계만 쳐다보게 되기 때문에, 달리기 장면을 골랐는데 출발선에 선 것처럼 긴장되어서'라는 부정적인 인식이 더 많음을 알 수 있습니다.

이렇게 이미지 카드로 이야기 나누다 보면 수학 교과에 대해 갖는 아이들의 생각(수학 수업에 대한 기대와 두려움)이 고스란히 드러납니다. 평소에 수학 교과를 대하는 자신의 태도가 어땠는지 앞으로 어떻게 수학 수업을 대해야 할지 이전에는 생각해보지 않았던 점들도 짚어보게 되지요. 아이들은 친구들의 이야기를 들으며 어렵고 힘들었던 점에 대한 공감과 위로를 받기도 하고, 긍정적인 기대에 같이 동화되기도 합니다.

어떤 '수학 시간'이 되었으면 좋겠어?

수학에 대해 이야기를 나눈 다음 어떤 수학시간을 기대하는지도 이미지 카드를 활용해 이야기를 나눌 수 있습니다.

- 생각할 시간을 충분히 주어 여유 있고 편안한 수업
- 개미나 벌들이 협동하듯이 친구들과 함께 해결해 나가는 수업
- 놀이터처럼 재미있고 신나는 수업
- 암벽 등반을 하듯이 도전과제가 주어져서 성취감이 느껴지는 수업
- 잘 익은 감을 따듯이 여러 번의 성취의 기쁨을 느낄 수 있는 수업
- 여러 색깔의 손바닥처럼 색다른 방법으로 문제를 해결할 수 있도록 안내하는 수업
- 도자기를 빚는 것처럼 집중해서 할 수 있는 수업
- 비빔밥에 다양한 재료가 들어가서 맛있듯이 수학 시간에도 문제만 풀지 말고 다양한 활동이 있는 수업
- 바다에 다이빙하는 것처럼 수학에 용기 있게 뛰어들 수 있도록 응원해주는 수업

아이들이 원하는 수업은 각양각색입니다. 그래서 아이들의 눈높이에 맞는 수학 수업을 꿈꾸며, 현재도 놀이 수업을 개발하고 있습니다.

아이들이 수학을 더 흥미롭게 배우고 불편함 없이 즐길 수 있도록 다음과 같은 활동을 해보면 어떨까요?

이미지 카드가 없다면 감정카드를 이용하거나 감정을 나타내는 단어를 이용해 이야기 나눌 수도 있습니다.

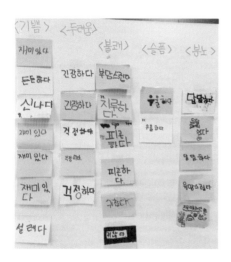

〈기쁨〉 감동적이다 감사하다 기쁘다 든든하다 만족스럽다 반갑다 사랑스럽다 설레다 신나다 자랑스럽다 자신있다 재미있다 편안하다 행복하다 홀가분하다 활기차다

〈두려움〉 걱정하다 긴장하다 깜짝 놀라다 당황하다 두렵다 무섭다 불안하다 혼란스럽다

〈분노〉 답답하다 밉다 분하다 억울하다 원망스럽다 지긋지긋하다 짜증나다

〈불쾌〉 곤란하다 귀찮다 부끄럽다 부담스럽다 부럽다 불편하다 어색하다 지루하다 피곤하다 황당하다

〈슬픔〉 괴롭다 그리워하다 막막하다 미안하다 서럽다 서운하다 속상하다 슬프다 실망하다 안타깝다 외롭다 우울하다 허전하다 후회하다

〈기쁨〉문제를 열심히 풀면 답을 구할 수 있으니까, 어려운 문제를 풀었을 때 기쁘기 때문에, 어려운 문제를 해결하면 내가 잘하는 것 같아서, 답을 찾아가는 과정이 재미있다. 미리 수학 공부를 했기 때문에 준비가 되어 있어서 든든하다. 문제를 해결하고 나면 신난다.

〈두려움〉수학은 새로운 것을 배울 때마다 어려울까 봐, 내가 잘 풀지 못할까 봐 긴장한다. 문제가 안 풀어질까 봐 걱정된다.

〈불쾌〉안 풀어지는 것을 계속 풀어야 되니까 피곤하다. 학원을 다녀서 매일매일 수학 문제집을 풀어야 하니까 지루하다. 수학은 잘해야 된다고 하니까 부담스럽다. 문제를 손으로 계속 풀어야 해결되니까 귀찮다.

〈분노〉수학을 어릴 때부터 해서 지긋지긋하다. 문제가 잘 안 풀어져서 답답하다.

〈슬픔〉문제가 자꾸 안 풀어지면 수학 공부가 하기 싫어지고 마음이 우울해진다.

[수학 마음 열기] 긍정적인 학급분위기가 필요해

좋은 놀이가 있더라도 학급의 분위기가 형성되어 있지 않으면 놀이를 활용하기 꺼릴 수 있습니다. 실패가 두려워 의견을 내는 데 주저하는 아이들에게 교실이 안전한 공간임을 알려줄 필요가 있습니다.

실패의 순간을 대처하는 방법은 사람마다 다릅니다. 어떤 아이들은 실패해도 계속해서 도전합니다. 무엇이 도전을 계속하게 만들까요?

"어떻게 풀었어." 대신에 "어떻게 이렇게 할 수 있었어?"

'나만 아니면 돼.' 아이들은 교사의 질문에 대한 공포증이 있습니다. 자신이 알고 있는 문제조차도 나의 대답이 틀릴 수도 있다는 불안과 자신의 실력이 다른 사람 앞에서 평가받는 두려움에 쌓여 외면하고 싶어 합니다.

"이거 네가 푼 거 맞아? 왜 문제 풀이 과정이 없어. 한번 설명해봐."

교사의 다그침에 아이의 마음은 닫힙니다.

이 때 아이의 성장을 확인하고 싶다면 어떻게 질문하면 좋을까요?

"어떻게 이렇게 할 수 있었어?"

살짝 달라진 말 속에는 '너의 풀이 과정을 알고 싶어. 이렇게 잘 풀 수 있다니 대단한데.'라는 의미까지 깃들어 아이가 말을 꺼내기 쉽도록 도와줍니다.

교사의 허용적인 질문 하나가 아이들의 마음까지 열게 하는 것이지요.

교사의 발문도 중요하지만 아이들끼리 주고받는 말과 행동도 학습 분위기에 큰 영향을 줍니다.

이 책에는 다양한 도전 놀이가 소개되어 있습니다. 대부분 협력 속에서 건강한 실패를 통해 문제를 해결하는 놀이입니다. 이 놀이의 과제를 한 번에 해결하는 경우는 찾아보기 힘듭니다. 만약 한 번의 시도만으로 해결했다면 이상한 일입니다. 아이들은 어떻게 이 문제를 해결할지 이야기 나누면서 수학 수업에 가장 중요한 것을 배워나갑니다.

"틀려도 괜찮다는 것, 수학시간에 틀리는 것은 당연하다는 것."

이 사실을 알게 된 아이들은 누가 무슨 대답을 하더라도 '너는 그것도 몰라? 그건 아닌 것 같은데.' 등의 상대를 불편하게 하는 면박은 하지 않습니다. 여기에서 주고받는 오답들은 문제 해결을 위한 실마리가 되며 언제든지 수정가능하기 때문입니다.

수학 규칙을 만들기 전에 앞서 소개된 놀이 중 하나를 아이스브레이킹으로 해 보면 어떨까요? 1학년 문제라도 5, 6학년에게는 충분히 재미있는 동기부여 과제가 될 수 있습니다. 시행착오가 거듭되는 놀이를 하며 아이들과 이야기 나누어 보세요.

"수업 중 나오는 모든 의견은 존중받을 만하며 언제든지 조정이나 수정이 가능하다."

이런 생각들이 쌓이면 아이들의 마음속 수학에 대한 오해도 풀려가지 않을까요?

□ 아이스브레이킹에 좋은 놀이 예시

[덧셈과 뺄셈] 육각퍼즐 길 찾기

[곱셈구구] 성냥개비 옮기기

[곱셈구구] 곱셈 수널판

[소수] 소수와 친해지는 넘브릭스 퍼즐

[다섯 자리 수] 내 등에 붙은 수는 몇 일까?

[소수] 누구랑 누구랑 짝꿍일까?

"수학과 친해지는 교실을 만들자"

아침 시간, 칠판에 숫자 카드와 연산 카드를 붙여 두었더니 등교한 아이들이 삼삼오오 모여 이리저리 수식을 만들며 가지고 놉니다. 4학년 규칙 찾기 단원을 학습할 때 한 아이가 '7+8+9=8×3'을 만들었습니다. 그랬더니 다른 아이가 '1+2+3=2×3'이라는 식을 만들어 아래에 붙입니다.

다른 아이들도 하나둘 동참하기 시작합니다. '5+6+7=6×3', '4+5+6=5×3', '0+1+2=1×3', '8+9+10=9×3', '6+7+8=7×3' 같은 규칙을 가진 식들로 칠판이 가득 채워집니다. 숫자카드나 연산카드가 부족하니 직접 쓰기도 하면서 말이지요. 아이들이 스스로 식을 만들고 활동하는 모습이 꽤나 신나 보입니다. 어느새 칠판이 아침 활동 수학놀이터가 되어버렸습니다.

만약 이 활동을 시켜서 했다면 어땠을까요? 다양한 식을 만들어 내기도 어려웠을 뿐만 아니라 식을 만들면서 즐겁지도 않았을 테지요. 아이들은 수학을 부담스러워하지만 수학은 우리의 삶과 분리할 수 없을 만큼 가까운 친구이기도 합니다. 자연스럽게 수학 놀이에 젖어든 아이들이야말로 진짜 수학과 친해지려는 게 아닐까요?

교실분위기가 만들어지지 않았다면 아침 활동을 수학으로 여는 것은 고민이 필요한 부분입니다. 모든 의견을 존중하는 분위기 속에서 아이들은 자신의 의견을 내는 것에 대해 평가받을까 두려워하지 않으며, 친구의 의견에서 배움을 만들어 가게 됩니다.

[우리반 규칙 만들기] '수학 시간' 이렇게 약속해

 이렇게 아이들의 마음을 여는 시간을 가졌다면 이제 수학시간 규칙을 정해 볼 시간입니다. 문제를 풀기 어려운 경우 어떻게 하면 좋을까요? 배우고 싶은 수학 시간이 되려면 어떤 규칙이 필요할까요?

"수학 시간에 좋았던 경험, 속상했던 경험을 나누어 봅시다"

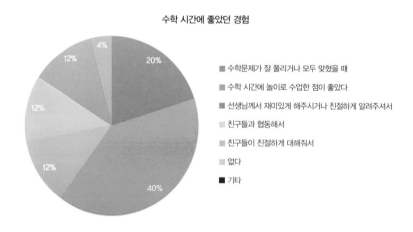

수학 시간에 좋았던 경험

- 수학문제가 잘 풀리거나 모두 맞혔을 때
- 수학 시간에 놀이로 수업한 점이 좋았다
- 선생님께서 재미있게 해주시거나 친절하게 알려주셔서
- 친구들과 협동해서
- 친구들이 친절하게 대해줘서
- 없다
- 기타

 아이들은 먼저 수학 놀이로 수업을 한 점이 좋았다는 응답이 가장 많았습니다. 실제 설문에서는 특별히 좋았던 놀이의 이름을 거론하기도 했습니다. 다음으로 수학 시간 문제가 잘 풀릴 때, 모두 맞혔을 때라는 응답이 많았고 친구들과의 관계에서 긍정적인 피드백을 받거나 협동해서 문제를 해결했을 때를 꼽은 아이들도 있었습니다.

수학시간에 놀이를 하며 배우니까 좋다.	어려운 문제를 선생님이 친절하게 알려주실 때	수학놀이를 할 때 모두가 참여해줘서 좋았다.	문제가 잘 풀릴 때	내가 어떤 문제를 틀렸는데 계속 풀어봐서 답이 나온 게 마음이 안심되고 기뻤다.	채점할 때 친구가 같이 하자며 달려와서 좋았다.
모둠에서 의견이 나와서 그 내용을 발표했는데 친구가 칭찬했다.	수학문제가 쉬워보일 때	친구랑 협동해서 놀이문제를 해결할 때	수학을 게임처럼 할 때	수학놀이를 할 때 친구들과 협동을 하는 것이 기분이 좋았다.	수학 문제를 다 맞았을 때

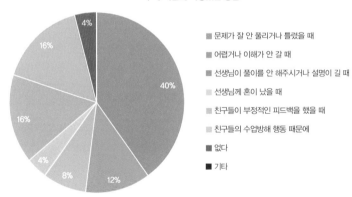

수학 시간에 속상했던 경험

- 문제가 잘 안 풀리거나 틀렸을 때
- 어렵거나 이해가 안 갈 때
- 선생님이 풀이를 안 해주시거나 설명이 길 때
- 선생님께 혼이 났을 때
- 친구들이 부정적인 피드백을 했을 때
- 친구들의 수업방해 행동 때문에
- 없다
- 기타

40%, 12%, 8%, 4%, 16%, 16%, 4%

수학 시간 속상한 경우는 외부적인 요인보다는 문제해결에 대한 어려움과 자신의 개인적인 성과 부족을 토로하는 경우가 많았고 다음으로 교우관계나 교사와의 관계에서 겪는 어려움을 언급한 아이들도 있었습니다.

다른 친구가 시끄럽게 하여 수업에 집중이 안될 때	친구가 나한테 할 수 있는데 왜 못해 라며 놀려서	사소한 문제를 틀렸을 때	친구가 내가 못한다고 비난했을 때	발표를 했는데 그 내용이 틀려서 어떤 친구가 나를 놀렸을 때	열심히 풀었던 문제가 있는데 틀렸을 때
친구들이 의견을 나누다가 싸웠을 때	친구랑 채점할 때 틀렸다고 뭐라고 할 때	수학 시간에 친구들이 얘기해가지고 조금 시끄러웠다.	수학놀이를 할 때 모둠끼리 같이 해야 하는데 안 하고 보기만 하는 아이가 있을 때	배운걸 틀려서 선생님께 혼났을 때	수학 시간에 채점하고 문제를 풀이하지 않아서

설문 내용을 종합해 보았을 때 수학에 대한 긍정적인 인식을 높이는 데 수학 놀이가 미치는 영향이 크다는 것을 확인할 수 있었습니다.

이런 긍정적인 효과가 있음에도 불구하고 아이들은 여전히 수학 문제 자체가 갖고 있는 어려움과 문제해결에서 얻는 성공경험에 영향을 많이 받는다는 것, 주변 사람들과의 관계에서 얻는 긍정적, 부정적 피드백이 수학 수업에 미치는 영향도 적지 않다는 것도 알 수 있습니다. 아이들이 수학에서 겪는 어려움을 해결하려면 자신의 내부적인 요인과 외부적인 요인을 함께 고려해 보아야 할 필요성이 느껴집니다.

"수학 문제가 잘 해결되지 않을 때, 어떻게 하면 좋을까?"

아이들 나름대로 자신이 어려움에 직면했을 때 할 수 있는 활동을 생각해봅니다. 교실에서도 가정에서도 실천해 볼 수 있도록 비교적 자유롭게 자신만의 루틴을 정해보았습니다.

수학 시간 나만의 루틴(routine)

1. 선생님께 부탁드려서 설명을 다시 듣는다.

2. 다른 문제(쉬운 문제)를 먼저 풀어본다.

3. 친구에게 물어본다.

4. 유튜브로 강의를 찾아본다.

5. 문제를 여러 번 읽는다.

6. 잘못된 점을 확인한다.

7. 자기가 배운 것을 생각하며 다시 풀어본다.

8. 달콤한 것을 먹는다. 물을 마신다.

9. 잠시 쉰다.(5초, 20초, 시원한 곳)

10. 노래를 부른다. 노래를 듣는다.

11. 낙서를 하고 푼다

12. 생각을 비운다.

13. 잠시 눈을 감는다.

14. 멍때린다.

15. 잠시 가만히 누워 있는다.

수학 문제를 풀다가 막힐 때, 잘 안 풀려서 속상할 때 이런 활동들을 하나씩 실천해 보면 스스로 자신의 감정을 다스리며 다른 해결 방법을 찾아가는 힘을 기르게 됩니다.

"수학 시간에 우리가 잘 배우려면, 어떤 규칙이 있어야 할까?"

곰곰이 생각한 아이들은 저마다 나와 수학 시간에 하면 좋은 일과 하지 말아야 할 일을 적어 칠판에 붙여 봅니다.

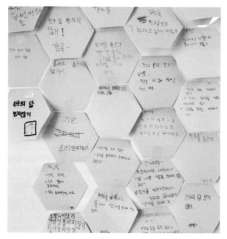

수학 시간 약속

1. 틀려도 놀리지 않아요.

2. 친구의 답을 보지 않아요.

3. 친구가 문제를 풀 때 방해하지 않아요.(낙서, 노래 하지 않기)

4. 무조건 내 답이 맞다고 확신하지 않아요.

5. 친구에게 가르쳐 줄 때 화내지 않아요.

6. 친구가 잘했을 때 칭찬해주기

7. 친구가 모를 때 친절하게 가르쳐 주기

8. 친구의 이야기를 끝까지 들어주기

9. 모를 때는 선생님께 물어보기

10. 어려워하는 친구 도와주고 응원해주기

나온 의견들을 모아 해야 할 일과 하지 말아야 할 일 등 수학 수업의 약속을 위와 같이 정했습니다. 정한 약속을 어떻게 하면 잘 지킬 수 있을까 물어보니 교실이나 책상에 게시해두자고 합니다. 수업 시간마다 되뇌며 내면화할 모양입니다.

학기 초에 수학 과제를 짝끼리 점검하게 한 적이 있었습니다. 아이들은 모든 문제를 통과하면 별표를 받고 틀린 친구들은 다시 피드백을 받아야 합니다. 처음부터 별표를 받는 아이들은 잘 없습니다. 그래서 첫 시도에서 통과를 받는 것을 훈장처럼 여기는 아이도 있지요. 어떤 아이들은 채점과정에서 친구의 오답처리를 납득 못 해 화를 내기도 하고, 몇몇은 빨리 통과하려고 친구의 풀이과정을 슬쩍 보거나, 정답 페이지의 답을 옮겨 적기도 합니다. 이런 일들이 생기는 이유가 뭘까요? 아이들에게 중요한 것은 해결 방법을 아는 것이 아니라 빨리 통과하는 것이었기 때문입니다.

앞서 소개한 정의적인 활동들로 아이들의 마음이 금방 달라지지는 않습니다. 우리 교실에서는 별표를 빨리 받는 것은 아무런 의미가 없다는 것, 틀려도 괜찮다는 것, 모든 의견은 존중받는다는 것을 배운 아이들의 태도는 꽤나 긴 시간을 두고 아주 조금씩 달라지기 시작합니다.

이제는 누군가의 오답도 교실에 우스갯거리가 아니라 이야깃거리가 됩니다. 이야깃거리를 제공해 준 아이에 대한 학급구성원(교사를 포함한)의 허용과 칭찬이 더해져 교실분위기가 달라져 가고 있습니다.

수학을 잘하고 싶은 아이는 많지만 수학을 좋아하는 아이는 많지 않습니다. 우리나라 학생의 수학성취도 수준은 높지만 정의적 영역(자신감, 흥미)에서는 국제 평균에 비해 낮은 수치를 차지하고 있지요. 수학에 대해 말랑말랑해진 마음으로 놀이 수업을 한다면 수학 시간도 조금은 더 행복해지지 않을까 기대합니다.

2

수를 가지고 놀아요

[1~10 수의 순서] 폴짝폴짝 원마커 징검다리 건너기

#몸으로하는수학 #뛰어세기 #곱셈구구

"졸졸졸 흐르는 개울, 징검다리가 놓여 있어."

원마커를 징검다리처럼 놓으며 말합니다.

교사의 한마디와 듬성듬성 놓인 원마커로 이제 교실은 교실이 아니지요. 징검 다리가 놓인 개울가입니다. 아이들은 벌써 뛰고 싶어 몸이 근질근질, 마음은 두근 두근 하지요.

처음에는 조심조심 건너다가 다음에는 폴짝폴짝 뜁니다.

원마커 숫자를 보면서 주먹을 꼭 쥐고 입은 쭈욱 내밀며 한발 한발 내딛습니다. 교실에서는 졸졸졸 흐르는 물소리가 들리는 듯합니다.

"큰 비가 내려서 징검다리 위치가 들쑥날쑥하게 되었어요."

아이들이 새로운 도전을 할 수 있도록 원마커의 위치를 바꿔줍니다.

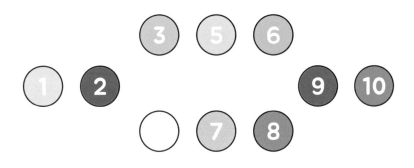

"순서가 바뀌었어요. 숫자들이 뒤죽박죽되었어요."

"으악, 빠졌다."

교실 밖으로 한 발짝 나가지 않고도 징검다리가 놓인 개울에서 신나게 놀 수 있답니다. 몸을 열심히 움직여 수학을 익히면 더 재미있고 상상력도 풍부해지지요.

수학을 막 시작하는 1학년, 교실을 벗어나 징검다리를 건너며 수에 다가가 보는 건 어떨까요?

▢ 적용 학년

– 1학년: 1~10까지의 수의 순서, 10의 보수, 10 이하의 덧셈과 뺄셈, 홀수, 짝수 알기

– 2학년: 뛰어 세기, 곱셈구구

▢ 놀이 형태: 전체 활동

▢ 준비물: 원마커 ①~⑩ 1벌

▢ 놀이 방법

① [준비하기] 교사는 원마커를 교실이나 강당 바닥에 아이들이 건널 수 있도록 위치를 조절하며 놓는다.

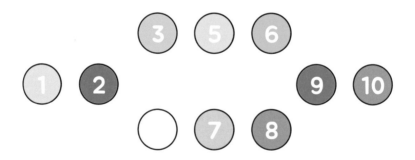

② 자신이 생각한 뜀뛰는 방법(양발모아뛰기, 한발뛰기, 가위뛰기)대로 1~10까지 수의 순서에 맞게 징검다리를 건넌다.

③ 자신이 어떤 방법으로 징검다리를 건넜는지 소개한다.

하나, 둘, 셋, 넷, 다섯, 여섯, 여덟…

어, 뭔가 이상한데?

하나, 둘, 셋, 넷, 다섯, 다섯, 여섯…

초등학교 입학 전부터 아이들은 일상생활에서 수를 세는 경험을 합니다. 하지만 여전히 수를 셀 때 대상을 빠뜨리거나 중복해서 세는 경우가 있으며 수사를 잘못 붙여 세는 경우도 있습니다.

수세기의 즐거운 경험을 줄 수 있도록 원마커를 이용하여 징검다리를 만들어 몸으로 수의 순서를 익힙니다.

차례대로 징검다리를 건너고 거꾸로 세기로 다시 돌아올 수 있습니다. 한두 개의 수의 순서를 바꿔주면서 활동을 이어가면 아이들은 숫자에 유의하면서 뛰게 되지요. 차례대로 뛰기가 익숙해지면 홀수, 짝수로 건널 수도 있지요.

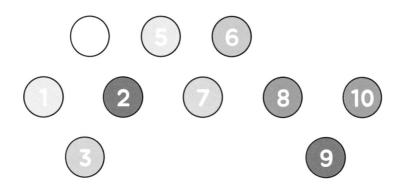

하나, 둘, 셋, 넷…과 같이 우리말로 읽거나, 일, 이, 삼, 사…와 같이 한자어로 읽을 수 있습니다. 교사가 읽는 방법을 하나씩 제시하면서 아이들이 수를 읽는 두 가지 방법이 모두 익숙해질 수 있도록 하며 반복하게 할 경우 아이들이 수를 세는 방법을 선택하게 할 수도 있습니다.

또 아이들이 '양발을 모아', '한 발씩 바꿔 가며', '한 발로만' 등 원하는 뜀뛰기 방법으로 징검다리를 건너면서 다양한 도전을 하도록 격려합니다.

□ 이렇게도 할 수 있어요

〈10의 보수〉

'10의 보수 징검다리 건너기'를 하기 위해서는 원마커의 간격을 아이들의 신체 발달을 고려하여 놓아야 합니다. 간격이 너무 넓으면 무리하게 활동하여 다치는 일이 발생할 수 있기 때문이지요.

가르기 중 가장 중요한 가르기가 '10 가르기'입니다. '10 가르기'는 충분히 익힐 수 있도록 많은 연습이 필요합니다.

A그룹과 B그룹을 나누어 양쪽에서 차례로 한 명씩 번갈아 뛰고 모두 자리가 이동되었을 때 한 번 더 뛰면 아이들이 왕복하며 10의 보수를 확실하게 익힐 수 있습니다.

⑩은 원마커 위에 두 발을 올립니다. 나머지의 경우 ①-⑨, ②-⑧, ③-⑦, ④-⑥, ⑤-⑤에 한 발씩 놓이도록 뛰어야 합니다. 원마커가 1벌만 준비된 경우 ⑤는 ⑤가 보수이므로 그 자리에서 두 번 뛸 수 있습니다.

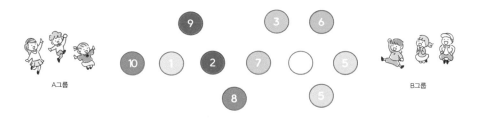

〈10의 보수 징검다리 건너기〉

〈덧셈과 뺄셈〉

'간단한 덧셈과 뺄셈 징검다리 건너기'는 아이들이 결과값을 만들 수 있는 여러 가지 방법이 있음을 알게 합니다. 다양한 위치에 놓인 징검다리의 숫자들을 보면서 어디로 뛸지 생각하고 여러 가지 덧셈과 뺄셈을 하게 되지요.

두 수의 차가 3이 되는 식은 10-7, 9-6, 8-5, 7-4, 6-3, 5-2, 4-1 등 다양합니다. 차가 3이 될 수 있는 두 수는 많지만 아이들은 자신이 뛸 수 있는 범위 안에 위치한 수를 선택합니다. 자신의 차례가 아닐 때는 친구들의 활동을 보면서 다양한 뺄셈식을 알게 됩니다.

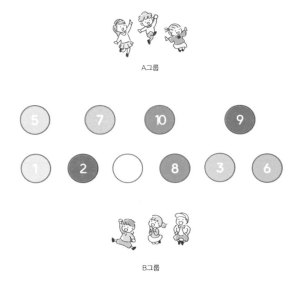

〈두 수의 차가 3인 징검다리 건너기〉

　원마커가 여러 벌 준비되어 있다면 여러 벌 같이 놓을 수 있습니다. 이렇게 되면 아이들은 뺄셈으로 그 결과가 나오는 두 수를 선택하고 그 두 수 중에서 건너기 쉬운 징검다리를 선택합니다. 만약 '뺄셈으로 3 만들기 징검다리 건너기'라면 A그룹은 자기 그룹에서 가까이 있는 수를 먼저 밟기 위해 7-4, 10-7, 9-6, 8-5을 선택하여 건너려고 할 것입니다. B그룹은 자기 그룹 앞의 수를 먼저 밟고 다음 줄을 밟는 9-6, 7-4, 5-2을 선택하기 쉽고 거기에 더해 8-5, 6-3처럼 자기 앞쪽의 두 수를 밟고 다음 줄을 건너뛰는 선택을 할 수도 있습니다. 아이들은 자신의 앞줄을 건너뛰고 다음 줄에서 두 수만 선택하는 것은 부담스러워하기 때문에 원마커를 놓을 때 그룹별로 선택할 수 있는 수가 골고루 놓이도록 해야 합니다.

A그룹

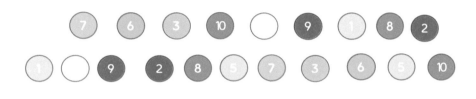

B그룹

〈두 수의 차가 5인 징검다리 건너기〉

〈 곱셈구구 〉

‘곱셈구구 뛰어 세기 징검다리를 건너기’ 위해서는 원마커가 여러 개 필요합니다. 숫자가 적히지 않은 원마커에 추가로 필요한 수를 적어 사용할 수 있습니다. 4단 곱셈구구 뛰어세기를 할 경우 원마커를 아래와 같이 놓을 수 있습니다. 4-8-12-16…의 순서대로 건너게 되겠지요.

〈4단 곱셈구구 징검다리를 건너기〉

‒ 아이들은 수들이 뛰기 가능한 위치에 있어야 도전하려고 합니다. 멀리 놓인 경우 친구가 양쪽에서 잡아주어 공중 이동하는 방법도 재미있습니다.

‒ 숫자 원마커의 경우 1~10까지 적혀 있습니다. 10이 넘는 수가 필요할 경우 숫자가 적혀 있지 않은 원마커에 수를 적어 활용합니다.

‒ 체육시간 여러 세트의 원마커를 준비하여 모둠별로 징검다리 건너기를 만들어보고 다른 모둠과 바꾸어 건너뛰기를 해볼 수 있습니다.

[수의 순서] 나는 몇 번째일까?

#순서가바뀌는재미 #자신의순서 #원마커

"학창 시절 키는 반에서 몇 번째였나요?"

"세 번째."

세 번째라고 말할 때 어떤 기준으로 대답을 했을까요? 키가 작은 순으로 섰을 때 세 번째일 수도 있고, 키가 큰 순서대로 했을 때 세 번째일 수 있겠지요.

교실에서 자리에 앉을 때는 몇 번째였나요? 앞 칠판이 기준이 될 때 첫 번째 줄이라면 뒤 게시판이 기준이 될 때는 다섯 번째가 될 수도 있습니다. '몇 번째'라는 것은 기준에 따라 달라지는 개념입니다.

수의 순서는 숫자가 가지는 사회적 개념의 학습입니다. 순서는 기준을 포함하는 개념이기에 살아가면서 기준이 무엇인가에 따라서 순서는 바뀌지요. 결국 순서가 중요한 것이 아니라 삶의 방향과 기준이 중요합니다.

수의 순서는 기준을 명확하게 이해하는 학습이라고 할 수 있습니다. 교실에서는 교사가 주로 기준을 넣어 질문하고 아이들은 대답만 하는 경우가 많습니다. 아이들이 기준을 넣어 말해보고 친구의 안내에 따라 해당하는 위치에 서 보는 놀이를 해 보면 어떨까요?

놀이를 통해서 앞, 뒤, 오른쪽, 왼쪽, 위, 아래 등의 기준과 몇 번째라는 위치를 나타내는 수학 언어를 반복적으로 사용하게 할 수 있습니다. 그러면 자연스럽게 수의 순서 감각을 익힐 수 있습니다.

□ 적용 학년

– 1학년: 수의 순서 알아보기

□ 놀이 형태: 모둠 활동(학급 인원의 2분의 1이 한 조)

□ 준비물: 원마커(학급 인원의 2분의 1만큼)

□ 놀이방법

① [준비하기] 교사는 학급 전체를 두 모둠으로 나눈다.

② 원마커는 한 모둠의 수만큼 한 줄로 펼쳐 놓는다.(원마커의 숫자는 보이지 않
   게 놓는다.)

③ 모둠별로 한 사람이 나와 가위바위보를 하여 안내하는 모둠과 행동하는 모둠
   순서를 정한다.

④ '안내하는 모둠'은 한 명씩 돌아가며 '행동하는 모둠' 중 한 아이의 이름을 부
   르고, 기준점과 함께 그 아이가 몇 번째 칸에 갈지를 말한다.

   예) 영희는 앞에서 세 번째 원마커에 서세요.

⑤ 이름이 불린 아이는 안내대로 원마커에 선다.

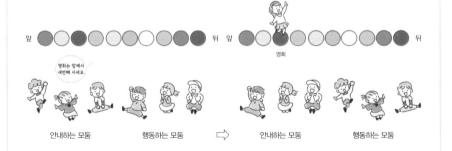

⑥ '안내하는 모둠'의 아이들이 모두 한 번씩 안내를 하고 나면 '안내하는 모둠'
과 '행동하는 모둠'의 역할을 바꾼다.

놀이로 배움을 만들어요

안내하는 모둠은 친구의 이름을 부른 후 여러 가지 기준과 방향을 사용하여 아이들의 순서를 정합니다. 예를 들어 '영희는 앞에서 세 번째에 서세요.', '철수는 영희를 기준으로 뒤(방향)로 세 번째에 서세요.', '길동이는 원마커의 맨 뒤에서부터 두 번째에 서세요.'로 안내할 수 있습니다. 모든 아이가 원마커에 설 수 있도록 빈자리가 어딘지, 무엇을 기준으로 안내를 해야 하는지 생각을 해야 합니다. 다양한 기준으로 안내하고 그에 맞춰 행동하는 가운데 자기 피드백과 상호 피드백이 이루어져 배움이 일어나는 중요한 지점이 됩니다.

안내하고 행동하는 아이들 2명만 활동하는 것처럼 보일 수 있습니다. 하지만 기다리고, 지켜보는 아이들은 어떤 생각을 하고 있을까요? 어떻게 말할지, 만약 내가 안내를 듣고 줄을 서는 사람이었다면 어디에 서면 되는지 생각합니다. 자신의 차례가 되면 안내할 말을 미리 준비하는 것이지요. 그러나 나보다 먼저 안내하는 친구가 내가 의도한 빈자리를 안내해 버리면 나는 다시 안내할 말을 준비해야 합니다. 안내하는 말을 듣고 친구들이 어디에 서는지 잘 보면서 준비하기 때문에 머릿속은 쉴 틈이 없습니다. 같은 위치를 안내하게 되더라도 친구가 안내하는 말과 내가 준비한 말을 비교해 보며 위치를 표현하는 다양한 방법을 배울 수 있습니다.

다음 그림의 위치를 표현하는 방법은 '앞에서 다섯 번째', '뒤에서 여섯 번째', '영희를 기준으로 뒤로 세 번째', '철수를 기준으로 앞으로 두 번째' 등으로 표현할 수 있습니다.

이렇게도 할 수 있어요

〈물건의 순서〉

짝 활동으로 필통의 물건을 꺼내어 놀이할 수 있습니다. 필통의 물건을 종류별로 한 줄로 세우고 '지우개에서 뒤로 세 번째 물건을 가져가세요.', '풀에서 앞으로 다섯 번째 물건을 가져가세요.'라고 짝끼리 번갈아 안내하며 물건을 가져가면 됩니다.

〈교과서 순서〉

교과서를 종류별로 한 줄로 쌓아 두고 '국어책의 아래로 두 번째에 있는 교과서를 가져가세요.', '수학책에서 위로 두 번째에 있는 교과서를 가져가세요.' 하고 짝끼리 안내하고 교과서를 가져가면 됩니다.

〈손의 순서〉

아이들끼리 가위바위보를 해서 손으로 탑을 쌓고 '아래에서 두 번째 손을 빼세요.', '위에서 다섯 번째 손을 빼서 맨 위로 올리세요.'라고 말할 수도 있습니다. 손을 빼는 놀이로 이어 갈 경우 맨 마지막에 남은 손등을 치고 손등을 맞게 되는 사람은 피하기로 놀이를 마무리할 수도 있습니다.

〈교과서 쌓기〉 　　　　　〈손 아파트 놀이〉

수업의 팁

– 원마커는 숫자가 없는 것이 더 낫습니다. 숫자가 있으면 아이들이 줄을 서는
　위치에 영향을 줄 수 있기 때문입니다.

[가르기와 모으기] 모여라, 10까지의 수

#즐겁게춤을추다가 #모여서수만들기 #수식외치기

1, 2, 3, 4, 5, 6, 7, 8, 9, 10

이 숫자 속에 우리가 살아가는 인생이 들어 있다는 사실을 아시나요?

사과 8개를 두 사람이 똑같이 나누어 먹으려면 어떻게 하면 좋을까요? 4개씩 나눠 먹으면 공평하겠지요. 그런데 현실에서는 4개씩 똑같이 나눠 먹지만은 않습니다.

1개와 7로 나누어 먹을 수도 있습니다.

우리의 삶의 방향을 수 가르기, 수 모으기를 통해서도 찾을 수 있습니다.

8이라는 숫자는 그 안에 8이라는 숫자의 앞선 수를 모두 가집니다. 8을 가진 자는 1, 2, 3, 4, 5, 6, 7을 가질 수 있다는 의미이지요. 8이라는 수는 (1, 7) (2, 6) (3, 5) (4, 4) 자연수로 분리됩니다. 1학년에서 배우는 수 가르기는 숫자 안에 다른 수가 포함되어 있음을 배우는 시간입니다. 그것이 덧셈이 되고, 뺄셈, 곱셈, 나눗셈으로 나아가게 되지요. 초등 1학년에서 시작된 수 가르기는 중학교 소인수 분해까지 확장됩니다. 결국 수 가르기는 수학이라는 학문의 문제해결을 위한 기초가 됩니다.

수 가르기와 모으기는 수학이라는 셈식을 배우기 전에 많이 연습하고 익혀야 하는 과정입니다. 이렇게 중요한 수 가르기를 그냥 덧셈식과 뺄셈식의 원리로만 가르친다는 것은 안타까운 일입니다. 수 가르기와 모으기는 셈식 원리를 배우기 전에 수에 대한 감각을 이미지로, 몸으로 익히게 될 때 숫자는 단지 아라비아 숫자로만 존재하지 않게 됩니다. 삶의 숫자로 확장되지요. 아이들과 함께 재미있는 놀이로 수의 감각을 키워보는 건 어떨까요? 숫자 안에 포함된 수를 가지고 놀아보는 시간 말입니다.

　가만히 자리에 앉아 공부하기가 힘든 1학년!

　몸을 움직이며 공부도 하고 친구와 친해질 수 있는 놀이를 해봅시다.

□ 적용 학년

– 1학년: 가르기와 모으기

□ 놀이 형태: 전체 활동

□ 준비물: 숫자카드(학급 인원만큼)

□ 놀이방법

① [준비하기] 교사는 수카드 0~9 중 하나씩 아이들에게 나누어 주고 가슴에 붙이게 한다.

② '즐겁게 춤을 추다가 그대로 멈춰라~' 노래를 부르며 걸어 다닌다.

③ 아이들이 노래에 맞춰 멈추는 순간 교사는 1~10 중 한 수를 외친 후 칠판에 써 준다.

④ 제시하는 카드에 적힌 수가 되도록 2명이 만난다.

　　예) 7 만들기: 3+4, 9-2, 8-1, 7+0, 5+2···

⑤ 짝과 함께 교사가 정해준 장소로 가서 선다. 이때 짝을 만나지 못한 사람은 자기 자리에 앉는다.

⑥ 짝끼리 만든 식을 외치며 자리에 앉는다.

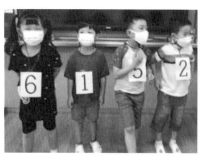 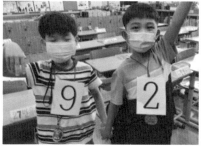

⑦ 아이들 모두 ②~⑥를 반복한다.

'즐겁게 춤을 추다가' 노래를 신나게 부르다 "5명!"이라고 교사가 외치면 5명을 만들려고 우왕좌왕해 본 적이 있을 것입니다. 3월 학급 세우기를 위해 또는 현장 체험학습에서 친교를 위해 활용했던 놀이지요. 제시되는 수에 따라 친한 친구와 떨어지기도 했다가 서먹한 친구와 만나기도 합니다.

아이들은 참 즐거워하고 왜 상대 짝을 만나야 되는지 설명도 합니다. "5!"라고 교사가 외치면 아이들은 자신이 가진 수를 합하거나 빼서 '5'가 되는 짝과 만나게 되지요. 1과 4, 8과 3이 만날 수 있습니다. 내가 1이라면 4를 만날 수도 있고 4가 없다면 6을 만나는 전략으로 수정합니다. 짝과 함께 만든 식을 외치는 순간 교사가 제시한 수를 다양한 방법으로 만들 수 있다는 것도 알게 되지요.

이때 짝을 만나지 못하여 식을 만들지 못한 아이들도 생깁니다. 잠깐 조금 서운한 마음이 들기도 하겠지만 탈락되는 놀이가 아니라 다음번에 다시 참여할 수 있기 때문에 괜찮습니다.

자신이 누구와 만나야 하는지 덧셈, 뺄셈 전략 중 무엇을 사용해야 되는지 몰라서 머뭇거리는 아이들도 있습니다. 그때 식을 먼저 생각한 아이가 상대에게 같이 만들자고 제안하며 식을 만듭니다. 덧셈과 뺄셈식을 빨리 생각하지 못해도 괜찮습니다. 이 놀이는 혼자 완성할 수 없는 놀이기 때문에 평소 친하지 않은 친구가 필요한 상황이 발생할 수 있고 이 기회로 친해지기도 한답니다. 처음에 식을 만드는 것을 잘 몰랐던 아이도 다음번에는 자신이 만나야 하는 숫자를 인지하고 다른 사람에게 먼저 제안할 수 있는 역할을 하게 됩니다.

수업의 팁

- 아이들이 이 활동에 익숙해지면 교사는 제시하는 카드에 적힌 수만큼 되도록 3명 이상이 만나는 것도 허용해 줄 수 있습니다.
- 가슴에 수를 붙일 때는 잘 떨어지지 않도록 라벨지를 사용하거나 카드를 집게로 집어서 옷에 고정시켜도 됩니다.
- 수 카드가 있다면 칠판에 쓰는 대신 교사가 보여주거나 칠판에 붙여 제시해도 됩니다.

[10의 보수] 짝꿍 수 찾아 땅따먹기

#짝을찾는재미 #수감각 #가르기와모으기

우리 주변에 10개인 것을 찾아볼까요? 먼저 우리의 신체 중 손가락과 발가락이 10개입니다. 달걀도 가지런히 10개씩 포장되어 있습니다. 일상에서는 10년 주기의 기념일을 챙기는 경우가 많지요. 성경에서 10계명, 동양에서 십장생 등 10진수를 사용하는 문화권에서 10은 아주 중요한 수입니다. 고대 그리스의 수학자 피타고라스도 1부터 4를 더했을 때 나온 10을 가장 완벽한 수로 꼽았답니다.

숫자를 처음 배울 때 0~9까지를 먼저 배우고 10을 배웁니다. 10을 이해한다는 것은 이후 수와 연산의 세계에 중요한 첫발을 내딛는 거라고 볼 수 있지요. 그래서 10의 보수를 찾는 연습은 여느 수의 가르기와 모으기보다 중요합니다. 덧셈 문제를 해결하다 손가락에 이어 발가락까지 움직이는 아이를 종종 볼 수 있습니다. 충분히 연습하지 않으면 받아올림, 받아내림을 하는 데 어려움을 겪기 때문입니다.

"이리저리 흩어져있는 숫자들 중에서 더하면 10이 되는 2개의 숫자를 연결해 볼까?"

오늘도 교과서를 펼쳐볼 줄 알았던 아이들 눈이 반짝이기 시작합니다.

"나는 8과 2를 연결했어. 이제 네 차례야." "음, 그럼 난… 4와 6."

짝이 연결하는 모습을 보고 자신이 연결할 수에 대한 아이디어를 얻기도 합니다. 별다른 준비도 없고 특별한 안내도 없습니다. 놀이를 계속 하다 보니 4 하면

6! 7 하면 3! 10이 되는 짝꿍 수를 척척 외칩니다.

"선생님 재미있어요. 또 하고 싶어요."

활동하는 내내 누가 더 많이 찾았는지 누가 더 빨리 찾았는지는 별로 중요하지 않습니다. 교사가 애 터지게 가르치지 않아도 이미 아이들 안에서 서로 돕고 배우고 있네요. 10을 만드는 데 어떤 수가 필요한지를 아이가 알고 익숙해지도록 도와주는 놀이를 해 봅시다.

□ 적용 학년

– 1학년: 10의 보수

□ 놀이 형태: 짝 활동(2인 1조)

□ 준비물 : 활동지(2인 1조만큼)

□ 놀이 방법

① [준비하기] 교사는 활동지를 2인 1조로 나누어 준다.

② 아이들은 활동지에 짝과 번갈아가며 1~9까지의 수를 총 4번 써 넣는다.

1					
	7	2			5
					3
		4			
			6		
	8				9

〈첫 번째〉

1			3		9
	7	2			5
1	8		6	3	
	5	4	2		4
				6	
	8				9

〈두 번째〉

1		9	3	3	9
4	7	2		5	5
1	8	8	6	3	6
	5	4	2		4
		2	6		7
1	8				9

〈세 번째〉

③ 더하면 10이 되는 두 수를 찾아 색칠한다.

- 가로, 세로, 대각선 방향으로 이어진 경우 색칠할 수 있고 1과 9처럼 떨어져 있는 경우는 해당되지 않는다. 이미 칠한 부분도 연결할 수 있는 경우 겹쳐서 칠할 수 있다.

1	7	9	3	3	9
4	7	2	8	5	5
1	8	8	6	3	6
9	5	4	2	6	4
5	2	2	6	4	7
1	8	7	3	1	9

1	7	9	3	3	9
4	7	2	8	5	5
1	8	8	6	3	6
9	5	4	2	6	4
5	2	2	6	4	7
1	8	7	3	1	9

1	7	9	3	3	9
4	7	2	8	5	5
1	8	8	6	3	6
9	5	4	2	6	4
5	2	2	6	4	7
1	8	7	3	1	9

④ 더 이상 색칠할 곳이 없으면 몇 칸을 색칠했는지 세어 본다. 많이 찾은 팀이 있다면 어떻게 해서 땅을 많이 차지할 수 있었는지 비교하여 이야기를 나눈다.

⑤ 새로운 표에 땅을 많이 색칠할 수 있는 방법을 생각하며 숫자를 다시 써 보고 ②~④를 반복한다.

빈칸에 직접 1~9를 써넣고 보수가 되는 수가 가로, 세로, 대각선으로 이어지는 경우를 찾아 색칠해 나가는 놀이입니다. 이렇게 10의 보수를 익히는 활동을 반복하면 이후에 자리 수가 늘어난 덧셈과 뺄셈의 경우에도 쉽고 정확하게 계산할 수 있게 됩니다.

활동이 거듭되면 수를 써넣을 때도 나름 새로운 전략이 생깁니다. 다음번엔 좀 더 많이 연결될 수 있도록 숫자를 써 나갑니다. 보수를 찾을 때마다 내가 놓친 것은 없는지 유심히 관찰하고, 곤란해하는 짝에게 도움의 손길을 내밀기도 합니다.

누가 더 많은 땅을 차지하게 되는지 경쟁하다 보면 승패에 치우치게 되므로 짝과 함께 공동과제로 많은 영역의 땅을 찾을 수 있도록 안내했습니다. 짝의 선택을 보며 나의 아이디어를 찾을 수 있어 서로 윈윈할 수 있는 놀이입니다.

이 놀이에서 아래와 같이 방법을 추가할 수 있습니다. 차지한 땅을 가로, 세로, 대각선으로 가로지르는 두 수도 연결할 수 있도록 규칙을 변경하면 더욱 많은 영역을 차지할 수 있게 됩니다.

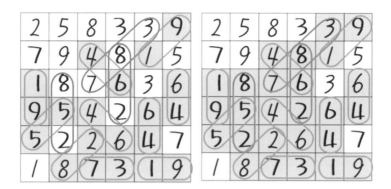

　표의 칸 수는 확장할 수 있습니다. 소개한 놀이에서는 2개의 보수만 연결하도록 하였지만 한 수를 세 수, 네 수로 모으도록 조건을 추가하여 난이도를 조절할 수도 있습니다.

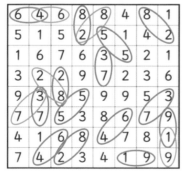

〈 겹치는 걸 인정하는 경우 〉

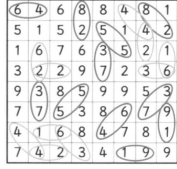

〈 10의 세 보수를 인정하는 경우〉

- 이 놀이의 목적은 보수를 찾는 경험을 더 많이 하게 하는 것입니다. 첫 번째 시도에는 가로, 세로, 대각선으로 이어지는 규칙만 인정하다가 규칙을 늘려가면 더 많은 경우의 수를 찾을 수 있습니다.

- 이 놀이는 한 번으로 끝내지 않고 여러 번 활동하는 것이 좋습니다. 두 번째 표에 숫자를 쓸 때는 처음 경험을 바탕으로 어떻게 쓰는 것이 더 많은 영역의 땅을 차지할 수 있을지 새로운 전략을 세우게 됩니다.

[수의 크기] 클까? 작을까? 자리 옮기기

#자리옮기기 #~보다작은수 #~보다큰수 #9까지의수

저학년 교실은 마음이 편합니다. 왜냐고요?

나보다 키가 큰 아이가 없기 때문입니다.

고학년 교실에 가면 "선생님은 어른인데 왜 ○○보다 작아요?"라고 묻는 아이가 있습니다. 가끔은 "○○이는 158cm인데 선생님은 ○○보다 몇 cm 작아요?"라고 구체적으로 물어보기도 합니다. 한참 자라는 아이들이라 선생님의 키에 관심이 많은가 봅니다.

'~보다 작다. ~보다 크다.'는 결국 ~보다 얼마만큼 작고 큰지 덧셈과 뺄셈으로 연결됩니다. 비교하는 방법을 배우는 것이지요. 수학에 비교가 필요하지 않은 영역은 거의 없습니다. 도형의 성질 비교, 측정하기, 자료의 정리를 통한 정보 비교하기, 규칙을 찾는 것도 비교가 빠질 수 없습니다. 똑같은 물건이지만 어느 회사의 제품이 더 싼지, 때로는 같은 종류의 물건이라도 내가 생각하는 가치를 매기며 비싼 값을 지불할 때도 비교가 필요합니다.

'당신은 어떤 수를 좋아하나요?'

3보다 큰 수! 8보다 큰 수! 어떤 수보다 큰 수를 외치면 9는 쉴 틈 없이 자리를 옮겨야 합니다. 수가 크다고 좋은 것도 아닙니다. 7보다 작은 사람! 1보다 작은 사람! 0도 움직일 기회가 많은 수입니다. 작은 수를 받았다고 실망했을 수도 있지만 놀이를 하다 보니 오히려 더 즐겁습니다.

술래가 뭐라고 대답할까?

술래를 제외한 아이들이 질문을 던지고 술래가 대답하기까지 짧은 정적이 흐릅니다. 긴장이 되어 술래가 대답을 하기도 전에 빨리 움직이려고 엉덩이를 들썩이기도 합니다.

자리 옮기기 놀이는 술래가 어떤 대답을 하는지 유의하여 듣고 순발력을 발휘하여 행동해야 하므로 경청을 자연스럽게 배웁니다.

□ 적용 학년

– 1학년: 수의 크기 비교하기

– 4학년: 사각형

– 5학년: 수의 범위와 어림하기

□ 놀이 형태: 전체 활동

□ 준비물: 0~9까지 아이들의 가슴에 붙일 종이(학급 인원만큼)

□ 놀이방법

① [준비하기] 교사는 아이들에게 책상을 밀고 의자만 동그랗게 만든 후 둘러앉 게 한다.

② 0~9까지의 수 중 하나를 가져가 가슴에 붙인다.

③ 술래를 1명 정하고 의자를 하나 뺀다.

④ 전체 아이들은 술래에게 '당신은 어떤 수를 좋아합니까?'라고 묻는다.

⑤ 술래는 '어떤 수보다 큰 수!' 또는 '어떤 수보다 작은 수!'라고 대답한다.

⑥ 해당하는 숫자를 가슴에 붙이고 있는 아이와 술래는 자기 자리가 아닌 비어 있는 다른 자리를 찾아 옮겨 앉는다.

⑦ 자리에 앉지 못한 사람이 술래가 된다.

'이웃을 사랑하십니까?'처럼 의자를 둥글게 만들어 자리를 옮기는 놀이는 다양합니다. 술래의 물음에 '예.'라고 대답한 사람 양쪽에 있는 사람이 자리를 바꾸면 됩니다. '아니오.'라고 하면 술래는 다시 묻습니다. '그럼 누구를 사랑하십니까?' '안경을 낀 친구를 사랑합니다.'라고 외치면 안경을 쓴 친구, 술래, 대답한 사람이 일어나 자리를 바꾸는 놀이지요.

이 놀이의 규칙을 조금 바꾸어 보았습니다. 가슴에 수를 붙이고 술래가 외치는 수가 자신에게 해당되는지 빨리 판단해야 합니다. 술래를 제외한 아이들이 한 목소리로 '당신은 어떤 수를 좋아합니까?'라고 물어볼 때 술래는 어떤 수보다 큰 수 또는 작은 수라고 말할지 생각합니다. 또 친구들을 많이 움직이게 하고 싶을 때와 적게 움직이게 하고 싶을 때는 어떤 수를 선택해야 할지 고민해야 합니다. 그리고 내가 술래가 되지 않기 위해 어느 자리에 앉을지도 생각하고 말을 해야 하므로 대답과 동시에 움직여서 차지할 자리도 함께 보아야 합니다. 귀로 듣고 내가 앉을 자리의 위치까지 보아야 하므로 머릿속은 쉴 틈이 없지요.

어느 자리에 앉을지 미리 생각하자.

친구들이 '당신은 어떤 수를 좋아 합니까?' 라고 물어보면 나는 뭐라고 말하지?

아이들은 자리를 움직이는 과정에서 ~보다 큰 수, 작은 수를 정확히 알고 있는
지 자기 평가가 이루어집니다. 교사는 아이들이 자리를 움직이는 모습을 보며 아
이들의 이해 정도를 파악해 보면 됩니다.

이렇게도 할 수 있어요

〈사각형의 성질〉

사각형의 이름과 성질을 충분히 학습한 후 정사각형, 직사각형, 평행사변형, 사
다리꼴, 마름모의 5종류의 사각형이 적힌 종이 1개씩을 아이들의 가슴에 붙입니
다. 자신이 가진 사각형에 대한 성질을 정확히 알고 있어야 하며 친구가 설명하는
내용이 자신이 가진 사각형의 성질인지 빨리 판단해야 합니다.

'네 각이 모두 직각이다'라고 하면 정사각형, 직사각형을 가진 아이들 모두 일어
나 자리를 바꿉니다. '마주 보는 한 쌍의 변이 서로 평행하다, 변이 4개이다.'라고
하면 정사각형, 직사각형, 사다리꼴, 평행사변형, 마름모 모두 자리를 바꿔야 합
니다. '마주 보는 2쌍의 변이 평행하다.'라고 하면 사다리꼴을 제외한 4개의 사각
형을 가진 아이들은 모두 일어나 자리를 바꾸면 됩니다.

〈수의 범위〉

이상, 이하, 미만, 초과의 학습에서도 사용할 수 있습니다. 아이들은 0~9까지
의 수를 하나씩 부여받아 가슴에 붙인 후 술래가 외치는 수의 범위를 듣고 해당되
는 학생이 자리를 옮깁니다.

술래가 '5 이상의 수'라고 외치면 '5~9'가, '3 미만'이라고 외치면 '0~2'가, '7 초과' 라고 외치면 '8~9'가, '4 미만'이라고 외치면 '0~3'에 해당하는 아이들이 움직입니 다.

■ 수업의 팁

- 가슴에 수를 붙일 때는 잘 떨어지지 않도록 라벨지를 사용하거나 카드를 집게 로 집어서 옷에 고정시킬 수 있습니다.
- 순발력을 발휘하여 빨리 움직여야 하므로 서로 부딪히거나 다치지 않도록 주 의합니다.
- 빨리 움직이기 위해 뛰는 아이가 있을 수 있으므로 걸으며 자리를 옮기도록 하 는 것이 좋습니다.

[1~99까지 수] 내 수를 소개합니다

#굴리는재미 #다양한표현 #수의자릿값 #수읽기

7과 8로 표현할 수 있는 수는 무엇이 있을까요?

78, 87, 7.8, 8.7, …

숫자로 표현되는 수들은 위치에 따라 나타내는 값이 달라지고 부르는 말도 달라집니다. 학교에선 선생님, 집에서는 엄마, 우리 언니에겐 동생이었다가 동생에겐 언니가 되지요. 한 사람을 부르는 말과 의미가 사람과의 관계에 따라 달라지는 것과 비슷합니다. 학교에서 선생님이라고 부를 때는 교사 자격증을 가졌다는 뜻입니다. 집에서 엄마가 될 때는 아이의 보호자라는 뜻입니다. 법적으로 그 사람이 그런 자격을 가졌다는 의미지요.

78도 마찬가지입니다. 10묶음이 7개, 낱개가 8개이기 때문에 87이 아닌 78이라고 부릅니다. 78의 자격을 갖춘 것이지요.

어떤 수를 여러 가지 방법으로 표현하려면 수의 구성과 다른 수와의 관계도 이해해야 합니다. 수의 구성과 관계는 함수와도 이어지는 중요한 개념입니다. 그러므로 아이들이 수를 다양한 방법으로 표현할 기회를 많이 주어야 하며 친구들은 어떻게 표현하는지 듣는 것도 중요합니다.

"56은 앞에 54, 55가 있고 뒤에 57, 58이 있어요."

"1과 99처럼 멀리 떨어져 있어도 연결할 수 있어요!"

교실 여기저기에서 두 개의 숫자로 수를 만들고 수를 표현하는 다양한 방법에 대해 말하고 듣습니다. 서로에게 배우고 다른 친구에게 나누는 것이 자랑인 활동은 교실을 평화롭게 만듭니다.

서로의 관계에 기대어 있지만 각자의 위치에서 각자의 의미를 가진다는 것
'수'와 '나'의 공통점

□ 적용 학년

– 1학년: 100까지의 수, 수의 계열

□ 놀이 형태: 모둠 활동(4인 1조)

□ 준비물: 십면체 주사위(일 단위, 모둠 수×2만큼), 활동지(학급 인원만큼)

기본   심화

□ 놀이 방법

① [준비하기] 교사는 활동지는 모든 아이에게, 주사위는 모둠에 2개씩 준다.

② 모둠원 중 두 명이 먼저 주사위를 한 개씩 굴린다.

③ 주사위에서 나온 숫자 2개를 조합하여 모둠원이 각자 두 자리 수를 만든다.

7, 8이네

78? 87?
칠십팔!
팔십칠!

④ 돌아가며 자신이 만든 수를 다른 수에 기준하여 표현하고 동그라미 한다. 같
은 수를 만들더라도 다르게 표현하고 동그라미 할 수 있다.

0	1	2	3	4	5	6	7	8	9
10	11	12	13	14	15	16	17	18	19
20	21	22	23	24	25	26	27	28	29
30	31	32	33	34	35	36	37	38	39
40	41	42	43	44	45	46	47	48	49
50	51	52	53	54	55	56	57	58	59
60	61	62	63	64	65	66	67	68	69
70	71	72	73	74	75	76	77	⑦⑧	79
80	81	82	83	84	85	86	87	88	89
90	91	92	93	94	95	96	97	98	99

예) 7, 8이 나온 경우 78 또는 87을 만들 수 있다.

78을 만들 경우,

'78은 77보다 1 큰 수입니다.', '88보다 10 작은 수입니다.', '78은 69보다 큽니다.'

등으로 78을 다양하게 표현하고 해당 숫자 칸을 동그라미한다.

⑤ 나머지 모둠원 2명이 주사위를 하나씩 굴리고 ③~④ 활동을 한다.

⑥ 정해진 시간동안 ②~④ 활동을 한다. 활동이 끝나면 가장 기억에 남는 수 표
현 방법, 수 찾기 전략에 대해 공유한다.

주사위를 굴려 나온 7, 8로 78을 만드는 아이도 있을 것이고 87을 만드는 아이도 있을 것입니다. 두 개의 숫자를 어느 위치에 두느냐에 따라 만든 수가 달라지는 경험을 통해 위치적 기수법을 이해합니다.

자신이 만든 수를 동그라미하려면 100판에서 해당 수의 위치를 파악해야합니다. '78'은 10개씩 7묶음과 낱개 8개로 만든 수입니다. 78의 위치를 찾을 때, 아이들은 1부터 차례대로 읽어 나가는 것보다 70의 위치를 먼저 찾고 오른쪽으로 8칸 가는 것이 효율적이라는 것을 깨닫습니다. 혹은 일의 자리 8에서 7칸을 내려오는 방법으로 78을 찾을 수도 있습니다. 수배열판의 왼쪽 세로 칸은 0, 10, 20…이 10묶음의 개수가 되고 가로선은 낱개인 1, 2, 3…의 위치가 되는 것이지요. 이 과정에서 아이들은 '10개씩 몇 묶음과 낱개 몇 개'로 만들어지는 두 자리 수의 구성에 대해 이해하게 됩니다.

비어 있는 10×10 표를 이용하면 심화활동이 가능합니다. 수의 위치를 수월하게 찾을 수 있도록 기준이 되는 0과 99, 수 몇 개를 미리 적어 주어도 됩니다. 두 자리 수를 만들고 표현하는 방법까지는 동일하되 해당 수의 자리를 찾아 쓰면서 수의 계열, 위치에 대해 익힙니다.

78은 70보다 8 큰 수야!

78이니까 8을 기준으로 아래로 쭉 찾아봐야지!

0									
					15				
30									
									49
					55				
60									
70								78	
80									
									99

자신이 만든 수를 어떤 수를 기준으로, 어떻게 표현할지는 아이들의 선택입니다. 처음 놀이를 할 때 대부분의 아이는 '78은 77보다 1 큰 수(79보다 1 작은 수)입니다.'라는 1 큰 수, 1 작은 수의 표현으로 수를 나타냅니다. 하지만 '78은 68보다 10 큰 수입니다.'나 '78은 67보다 11 큰 수입니다.'와 같이 자신만의 방법으로 표현을 하는 아이도 있습니다. 수를 읽는 방법을 활용하여 '78은 칠십팔이라고 읽고 88보다 10 작은 수입니다.'라고 말하기도 합니다. 같은 수를 다른 방법으로 나타내는 모둠원을 보며 수가 다른 수와 연결되어 있고 그들의 관계를 표현하는 방법이 다양하다는 것을 알게 됩니다. 놀이가 끝난 후 가장 기억에 남는 수 표현 방법이나 100판에서 자신의 수 찾기 전략에 대해 공유하며 배움을 확장합니다.

– 4인 1조 모둠으로 활동하면 다양한 표현 방법을 서로에게 배울 수 있습니다.

[0~9까지 덧셈 뺄셈] 찢는 재미, 띠빙고

#이야기만들기 #첨가,합병,제거,비교 #문장제

문구점에서 연필 세 자루랑 지우개 하나를 산 일.

친구에게 비타민 두 개를 주고 자기에겐 하나만 남은 일.

아이들은 일상의 다양한 상황에서 자신도 모르는 사이에 더하고 빼는 경험을 합니다. 자연스럽게 더하고 뺐던 경험들이 왜 수학 시간과는 분리가 되는 걸까요?

"비타민은 석현이한테 진짜 줘서 그래요."

실생활과 맞닿아야 배움이 의미가 있다는 말을 또 한 번 느낍니다.

'진짜 이야기'가 되면 좀 더 쉽게 문제를 만들고 해결할 수 있으리란 바람을 담아 아이들과 함께 문제 만들기 놀이를 했습니다. 아이들이 만드는 문제는 참 말랑말랑합니다. 일상적인 것 같지만 자신들의 바람을 한껏 넣습니다. 김치를 싫어하는 솔이는 김치 2개를 엄마가 대신 먹어주는 문제를 말하면서 씩 웃습니다. 상상만 해도 좋은가 봅니다. 포켓몬스터에 빠져 있는 석현이는 포켓몬 카드를 모으는 문제를 냅니다. 말을 주고받는 일은 생각을 단단하게 하고 아이들을 연결해 줍니다. 각자의 경험과 이야기가 들어가 있으니 도란도란 이야기 나누는 시간인 것 같습니다.

연필 2자루랑 고양이 3마리를 더하면 5야.

연필이랑 고양이를?

간혹 한데 모을 수 없는 것들을 묶어서 당황스럽습니다. 한참 헤매긴 하지만 기다려주면 스스로 학용품끼리, 동물끼리, 과일끼리 더하고 뺄 수 있음을 깨우칩니다. 좀 더 시간이 지나면 '단위'에 대해서도 알게 되겠지요.

띠빙고의 숫자를 찢는 것도 재미! 내 이야기를 들려주는 것은 더 큰 재미!!

□ 적용 학년

－ **1학년: 덧셈과 뺄셈**

－ 2학년: 곱셈구구

□ 놀이 형태: 모둠 활동(4인 1조)

□ 준비물: 활동지(학급 인원만큼) *A4 종이를 긴 쪽으로 4분의 1을 접어 사용

□ 놀이방법

① [준비하기] 교사는 활동지를 모든 아이들에게 나누어 준다.

② 아이들은 각자 자신의 종이를 8칸이 나오도록 접어 0~9까지 수 중 선택하

여 1번씩만 쓴다.

4	9	3	8	5	0	7	1

③ 모둠원은 돌아가며 덧셈, 뺄셈 문제 상황을 제시한다.

④ 문제 상황을 듣고 식을 만들어 계산을 한다.

⑤ 정답에 해당하는 숫자가 양 끝에 있을 때 해당 칸을 찢는다.

예) '사과가 3개 있는데 엄마가 1개를 더 주셨습니다. 사과는 모두 몇 개일까요?'

의 정답은 4이므로 맨 끝에 있는 4만 찢을 수 있다.

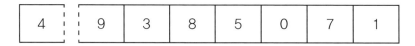

⑥ 다 찢은 아이는 빙고를 외치고 계속해서 문제 내기 활동에 참여한다.

덧셈, 뺄셈 문장제 만들기는 모든 학년에 해당되지만 다른 학년에서는 정답이 되는 수의 범위가 크기 때문에 1~9까지 배우는 1학년 1학기 덧셈과 뺄셈을 학습할 때 사용하기 적합합니다. 모둠원이 들려주는 문제를 잘 들어야 하므로 경청하는 자세를 기르고 문제 상황에 대한 다양한 아이디어를 공유할 수 있지요.

아이들은 문장제를 만들 때 덧셈은 첨가상황, 뺄셈은 제거상황으로 만드는 경향이 있습니다. 모둠원이 만든 이야기를 들으며 합병과 비교 상황으로 만든 문제도 경험하게 되어 자신이 문제를 낼 때도 첨가, 합병, 제거, 비교 상황을 적절히 선택할 수 있습니다. 문장제를 만들 때 모둠원의 이야기를 수정하여 사용할 수 있으므로 모든 아이가 놀이에 쉽게 참여할 수 있습니다.

〈 곱셈구구 〉

2~9단 중 한 단을 골라 곱셈구구를 적게 하고 '5×5=?'라고 물으면 짝이 '25'라고 대답하며 양 끝에 숫자가 있을 경우 찢습니다. 또한 곱셈 문장제 내기, '5의 5배', '5개씩 5줄' 등 곱셈구구를 다양하게 표현하는 문제를 낼 수도 있습니다.

20	40	25	5	35	10	15	30

수업의 팁

– 칸의 개수는 조정이 가능합니다. 칸은 아이들이 접어도 되고 교사가 미리 칸이 나눈 종이를 제시해도 됩니다.

– 이 놀이는 9까지의 범위에서 덧셈과 뺄셈을 하는 활동이므로 10 이상의 수를 이용하여 덧셈과 뺄셈을 만들지 않도록 합니다. 또한 특징이 너무 달라 같이 묶을 수 없는 사람과 동물, 물건과 과일을 병합상황으로 만들지 않도록 지도합니다.

– 띠빙고는 모둠으로 하는 것이 좋습니다. 전체로 하면 말할 기회가 적고 짝별로 하면 활동이 빨리 끝날 뿐만 아니라 다양한 이야기를 들을 수가 없기 때문입니다.

[세 자리 수] 수 탑을 완성해 볼까?

#만드는재미 #끼우는재미 #자릿값 #수의크기비교

"선생님, 저는 학교에서도 진우고 집에서도 진우잖아요. 그런데 숫자는 왜 있는 곳에 따라 달라져요?"

627에서 6하고,
206의 6은
똑같이 생겼는데
달라요.

2학년이 되자마자 수의 범위가 1,000까지 확장됩니다. 수의 범위가 확장되면서 자릿값을 많이 헷갈려 합니다. 627의 6과 206의 6은 완전히 다른 수를 나타내지요. 같은 숫자인데 위치에 따라 결정된다는 것이 쉽게 이해되지 않습니다. 하지만 자릿값의 개념은 수 체계의 핵심적인 특징입니다.

수는 대체로 오른쪽으로 갈수록 커지며 왼쪽으로 갈수록 작아집니다. 위로 갈수록 커지고 아래로 갈수록 작아지지요. 수는 크기와 밀접하게 관련되어 있습니다. 수의 크기는 연산의 출발점이고 정수 개념의 핵심으로 절댓값과 부등호와 연결되지요.

그럼에도 불구하고 자릿값과 수의 크기는 연산에 비해 덜 중요하게 다루어지는 것 같아 안타깝습니다. 아이들이 수 체계를 표현하는 수직선을 이해하기 어려워하는 이유도 수의 크기에 대해 생각할 수 있는 기회가 적었기 때문이라고 생각합니다. 연산보다는 자릿값과 수의 크기를 이해할 수 있는 놀이를 많이 접할 수 있도록 해 주면 좋겠습니다.

수 탑 완성하기 놀이는 주어진 세 장의 카드로 세 자리 수를 만들고 만든 수를 원하는 칸에 적어 수 탑을 완성하는 놀이입니다. 세 수를 만들 때 어떤 수를 만들지, 어디에 적을지는 수의 크기를 따져 봐야 합니다.

이처럼 스스로 여러 상황을 고려하여 선택하는 놀이기 때문에 자신이 상황을 통제하고 있다는 정서적 만족감도 줍니다. 수 탑을 완성하며 수의 관계를 시각적으로 바로 이해할 수 있고 크기를 자연스럽게 비교할 수 있습니다.

□ 적용 학년

– 1학년: 수의 계열 이해, 두 자리 수의 자릿값과 위치적 기수법, 두 수의 크기 비교

– 2학년: 세 자리 수 · 네 자리 수의 자릿값과 위치적 기수법

– 5학년: 대분수의 크기 비교

□ 놀이 형태: 전체 활동

□ 준비물: 숫자 카드(0~9까지) 3벌, 활동지(학급 인원만큼)

□ 놀이 방법

① [준비하기] 교사는 카드 3벌을 골고루 섞는다. 카드 더미에서 숫자 카드 세

장을 뽑아 칠판에 붙인다.

② 아이들은 세 장의 카드를 보고 만들 수 있는 세 자리 수 하나를 정해 자신의

활동지 8칸 중 한 칸에 적는다. 아래로 갈수록 작은 수가 적히도록 해야 한다.

③ 왜 그 수를 만들고 그 칸에 적었는지 짝과 이야기를 나눈다.

④ ①~③ 번을 7번 반복한다. 숫자카드를 8번 뽑으면 놀이가 끝난다. 아이들 중

에는 수 탑을 완성하거나 나온 숫자로 만든 세 자리 수를 적을 칸이 없어 중

간에 활동이 끝날 수도 있다. 자기 탑을 완성하지 못하더라도 짝의 활동에 의

견을 나누면서 활동을 이어간다.

9 7 6
6 9 9
5 0 7
3 2 8
2 1 4
1 3 8
1 2 5

예) 다음 차례에 숫자 카드 **1** . **2** . **6** 이 나온다

면 만들 수 있는 수는 612, 621, 216, 261, 162, 126이다.

하지만 빈칸에 들어갈 수는 507보다 작고 328보다 큰 수

(507〉 □ 〉328)이기 때문에 더 이상 적을 수 없다.

'수 탑을 완성해 볼까?'는 세 장의 숫자카드에 나온 숫자로 어떤 수를 만들지, 내가 만든 수를 어디에 쓸 것인지 선택하는 요소가 많습니다. 짝과 활동을 공유하기 때문에 배움이 느린 아이들도 놀이에서 소외되지 않습니다. 놀이 중간에 자기의 활동이 끝나 버렸다 하더라도 짝의 활동을 보며 의견을 나눌 수 있습니다.

세 자리 수의 각 자리는 백의 자리, 십의 자리, 일의 자리입니다. 숫자의 값은 위치에 의해 결정되지요. 자릿값의 개념은 수 체계에서 핵심적인 특징입니다. 사칙연산 알고리즘을 의미 있게 학습하기 위해서는 자릿값에 대한 이해가 필수적이지요. 세 장의 숫자카드의 숫자를 어디에 놓는지에 따라 자릿값이 달라지고 수의 크기 비교도 자연스럽게 익히게 됩니다.

아이들은 아래 놓인 수와 위에 놓인 수의 관계를 생각하며 세 자리 수를 만듭니다. 카드가 총 3벌이므로 남은 카드를 짐작하여 앞으로 나올 숫자 카드를 예상할 수 있습니다. 카드로 수를 만들고 원하는 위치에 놓으면서 자연스럽게 수의 자릿값과 위치적 기수법을 이해하고 수의 크기를 비교할 수 있습니다.

□ 이렇게도 할 수 있어요

〈50까지의 수〉

　50까지의 순서와 크기 비교를 위해서는 1~50까지의 수를 적은 카드로 활동하는 것이 좋습니다. '50까지의 수'는 수를 만드는 활동보다는 순서를 알아보거나 크기를 비교하는 활동을 통해 수 개념 및 수 감각을 형성하기 때문입니다. 만약 45 카드가 나왔다면 아이들이 어디에 수를 적는지 왜 그렇게 적는지 생각을 공유합니다. 놀이를 하면서 '두 자리 수'의 자릿값의 원리를 이해하는 데 필요한 기초적 경험을 충분히 할 수 있습니다.

〈네 자리의 수〉

2학년 1학기의 세 자리 수의 수 탑을 완성하는 놀이를 해 보았다면 2학기의 네 자리 수에서도 놀이를 해 보면 어떨까요? 수의 자리 수가 커질수록 맨 앞의 숫자에 더 집중하여 수의 크기를 비교하고 자신이 만든 수를 쓸 위치를 정하게 됩니다. 네 자리 수의 수탑을 완성하기 위해서는 10칸 보다는 15칸 정도 수 탑을 완성하도록 하는 것이 좋습니다.

네 자리 수를 만들기 위해서는 카드가 여러 벌 필요하므로 칠판에 적어가며 활동을 할 수 있습니다. 네 자리 수로 15칸 수 탑 놀이를 한다면 7벌의 카드라고 학생에게 안내하고 0~9까지 숫자를 칠판에 적습니다. 각 숫자가 몇 번 나왔는지 표시를 해 주면 아이들이 남은 카드를 예상해보고 활동하는 데 도움이 됩니다.

네 자리 수 탑

0	1	2	3	4	5	6	7	8	9
ㅡ	ㅡ		ㅡ		ㅜ		ㅜ		ㅡ

1. 1, 3, 5, 7
2. 0, 5, 7, 9

〈대분수〉

대분수의 수 탑 완성하기는 0을 제외하여 카드를 준비합니다. 대분수는 자연수가 다르거나 분수가 단위분수이면 크기 비교가 쉽습니다. 그러나 약분과 통분을 배우지 않은 아이들에게 대분수의 크기 비교는 어렵습니다.

약분과 통분을 학습한 이후에도 빠른 시간에 분모가 다른 대분수의 크기 비교는 쉽지 않습니다.

$\frac{5}{6}$와 $\frac{6}{7}$ 같은 경우 어느 것이 더 큰지 쉽게 어림되지 않습니다. 그렇기 때문에 분모가 다른 분수의 크기를 비교할 수 있는 다양한 전략을 먼저 나눌 필요가 있습니다.

예를 들어 $\frac{1}{2}$ 과 비교하여 분수의 크기를 예상한다든지, 분자를 같게 하여 ―분모의 통분보다 분자를 같이 하는 것이 더 편하다면― 크기 비교하기 전략을 살펴볼 수 있습니다.

□ 수업의 팁

- 카드는 필요한 수보다 1벌 정도 추가하는 것이 좋습니다. 10칸으로 (세 자리수) 수 탑 쌓기를 한다면 4벌 준비합니다. 필요한 만큼의 카드만 있으면 나올 수에 대한 기대감이 떨어지고 카드가 너무 많으면 남은 카드를 예상하여 전략적으로 놀이를 하기 어렵습니다.

- 미리 칸을 만들어서 아이들에게 나눠 줄 수도 있지만 아이들이 칸 만들기부터 스스로 하도록 맡길 필요가 있습니다. 그렇게 하면 교사의 준비도 덜고 주어진 크기의 종이를 어떻게 접거나 그려서 나눌지 고민하며 분할을 익힐 수도 있습니다.

- 세 자리 수 수 탑 놀이의 칸은 10칸 정도가 전략적으로 놀이하기 좋습니다. 하지만 종이를 접을 때 5등분을 어려워하기 때문에 8칸이나 12칸으로 놀이를 할 수 있습니다. 줄 공책을 활용하면 10줄을 그리지 않아도 테두리만 표시하여 쉽게 활동할 수도 있습니다.

[덧셈과 뺄셈] 육각퍼즐 길 찾기

#새로운형식 #가로셈세로셈은지겨워 #수식추리 #사칙연산

"이게 무슨 놀이에요? 어차피 계산을 해야 하잖아요."

수학 시간에 하는 놀이가 재미없다고 느끼는 아이의 말입니다.

수학 놀이는 수학 내용을 담고 있습니다. 그렇기에 수학을 좋아하고 잘하는 아이들에게는 폭발적인 반응을 얻지만 수학을 좋아하지 않거나 자신 없는 아이들은 시큰둥해하는 경우가 많습니다. 특히, 연산 놀이는 그 차이가 더 크게 나타나지요.

소수의 아이들만 능숙하게 할 수 있는 놀이를 하면 나머지 아이들은 흥미를 잃습니다. 연산을 잘한다고 으스대던 아이도, 연산에 자신이 없어 움츠렸던 아이도 같은 출발선에서 같이 고민하게 할 수 있는 놀이, 누구에게나 약간 어렵게 느껴지는 놀이가 있으면 좋겠다는 생각을 했습니다.

육각퍼즐에서 맞는 수식이 완성되는 길을 찾는 놀이를 하였습니다.

길이 쉽게 찾아지지 않아 슬슬 답답함이 올라오지만 해결하고 싶어집니다. "답이 없는 거 아닌가요?" 툴툴거리지만 조금만 더 하면 될 것 같아서 포기하기 싫습니다. 계속 도전하게 되지요.

덧셈과 뺄셈이 아니라 어떤 연산에도 적용 가능합니다. 육각퍼즐 길찾기 놀이 하나로 사칙연산 모두 즐겁게 배울 수 있지요. 단, 너무 많은 경우의 수로 끊임없이 헤매는 문제는 좋지 않습니다.

▫ 적용 학년

– 1학년: 덧셈과 뺄셈

– **2학년: 덧셈과 뺄셈, 곱셈 구구**

– 3학년: 덧셈과 뺄셈, 곱셈과 나눗셈

– 4학년: 분수의 덧셈과 뺄셈

▫ 놀이 형태: 전체 활동

▫ 준비물: 활동지(학급 인원만큼), L자 파일(학급 인원만큼), 보드펜, 가위

□ 놀이방법

〈기본 규칙〉

– 올바른 수식이 되도록 모두 연결한다.

– 연결한 길을 표시한다.

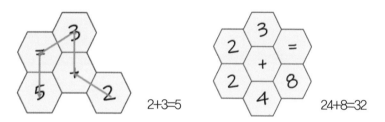

2+3=5   24+8=32

① [준비하기] 교사는 활동지와 L자 파일 1개를 개인별로 나누어 준다.

〈기본 형태〉

③ 아이들은 각자 육각형 7개를 사용하여 덧셈 문제를 하나 낸다.

④ 문제를 파악하기 쉽도록 나머지 필요 없는 부분은 잘라내고 L자 파일에 넣는다. 뒤집어지면 의미가 달라지는 숫자(6, 9)와 기호(+, ×)가 있기 때문에 가장 위가 되는 지점에 맞추어 넣도록 한다.

⑤ 교실을 다니며 한 사람과 만난다.

⑥ 서로 육각 퍼즐을 교환하여 보드마카로 길을 표시하고 어떻게 찾았는지 이야기를 나눈다.

⑦ 자기가 해결한 짝의 문제를 서로 가지고 보드마카로 표시된 길은 지운다.

⑧ 다른 친구를 만나 ⑤~⑦ 과정을 반복한다.

□ 놀이로 배움을 만들어요

알맞은 수식을 찾기 위해 여러 가지 방법으로 유추하고 계산하는 활동을 통하여 연산 감각을 기릅니다. 한 번에 성공하는 것보다 여러 번 실패를 통해 길을 알아냈을 때가 더 성취감이 크지요. 앞선 실패를 통해 생각을 조금씩 수정해 나가며 결국 성공에 이릅니다. 답을 찾지 못한 실패도 성공에 도움이 되는 유용한 경험이 됩니다. 아이들은 사칙연산을 답을 구하는 활동으로 생각하기 쉽습니다. 이 놀이의 중요한 지점은 답이 아니라 답을 찾아가는 과정임을 깨닫게 되지요.

자신이 만든 문제와 친구가 만든 문제를 해결하고 해결 과정까지 나누면서 다양한 문제를 접하게 됩니다. 또 서로의 생각을 인정하고 격려하게 됩니다. 자신이 만든 문제로 활동을 계속하지 않고 짝과 바꾼 문제로 활동을 하게 됩니다. 짝이 낸 문제도 잘 설명할 수 있어야 새로운 짝을 만났을 때도 활동을 이어갈 수 있기 때문입니다. 그렇게 해야 모든 문제의 해결과정에 집중할 수 있습니다. 문제를 계속 바꾸기 때문에 활동판인 L자 파일에 문제를 만든 아이부터 그 문제를 해결한 한 아이의 이름을 차례대로 적습니다. 그렇게 하면 아이들은 같은 문제를 풀지 않게 되고 교사는 아이마다 어떤 문제를 해결하였는지 파악하기도 쉽습니다.

육각형의 개수를 조절하여 다양한 사칙연산 길찾기가 가능합니다. 단, 다음과 같이 계산을 해 보지 않아도 답을 알 수 있는 배열은 피할 수 있도록 미리 안내합니다.

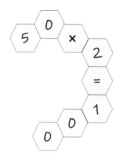

〈덧셈과 뺄셈〉

육각형 7개, 42-7=35	육각형 8개, 23+42=65
육각형 8개, 21+32=53	육각형 8개, 83-35=48

〈곱셈과 나눗셈〉

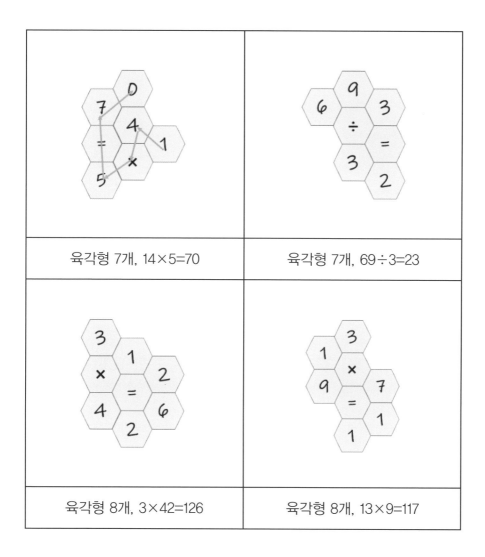

육각형 7개, 14×5=70	육각형 7개, 69÷3=23
육각형 8개, 3×42=126	육각형 8개, 13×9=117

□ 수업의 팁

- 육각형의 개수와 기호의 개수를 줄이거나 늘려 난이도를 조절할 수 있습니다.

- 다양한 조합을 할 수 있도록 문제판은 여유롭게 제공하는 것이 좋습니다.

- L자 파일에 문제를 넣으면 보드마카로 쓰고 지울 수 있어 문제지 한 개로 여러

  명이 풀어볼 수 있습니다.

[곱셈구구] 성냥개비 옮기기

#옮기는재미 #성냥개비퍼즐 #디지털숫자 #사칙연산

"선생님, 아무리 풀어도 답이 안 나와요."

이런! 확인한다고 했는데 틀린 문제가 있었나 봅니다. 답도 없는 문제를 잡고 끙끙댔을 아이에게 무척이나 미안했습니다.

대부분의 문제는 정답을 찾는 활동으로 구성됩니다. 맞는 답을 찾는 건 정해진 길을 가는 것과 비슷하지요. 안전하긴 하지만 길 이외의 풍경은 관심을 두지 않습니다. 하나의 길만 가는 아주 적은 경험을 가지게 되지요.

성냥개비 옮기기 활동은 대놓고 틀립니다. 수식이 틀렸으니 맞게 바꾸기 위해선 정답을 바꿀 수도 있고 문제를 바꿀 수도 있습니다. 수들의 관계에 대해 생각해 보아야 합니다. 정해진 길 없이 이리저리 탐색해야 하는 것이지요.

"어?! 선생님!! 이거 틀린 것 같아요."

선생님은 모든 걸 다 안다고 생각하는 건 아이들의 오랜 믿음입니다. 이런 선생님이 틀렸을 때 그 반응은 어느 때보다 격렬하지요.

선생님의 실수라느니, 일부러 그렇게 해 놓았다느니 수수께끼라느니 저마다의 추측으로 웅성거립니다.

이때, 교사는 딱 한 마디만 하면 됩니다.

"어떻게 하면 맞는 수식으로 바꿀 수 있을까?"

애초에 틀린 수식이었기 때문에 답을 찾는 것이 수수께끼 문제를 해결하는 듯

재미있습니다. 아이들은 선생님이 틀린 것을 내가 맞게 바꾸어 준다는 묘한 뿌듯함도 느낍니다.

답을 찾는 것이 아니라 문제를 바꿀 수도 있고 하나의 문제로 여러 가지 방법을 찾을 수 있는 성냥개비 옮기기 놀이. 아이들은 이리저리 막대를 옮겨보며 수들을 탐험합니다.

와우! 아이들이 만든 문제를 모으면 아주 좋은 수업 자료가 되는 건 덤이지요.

□ 적용 학년

– 1학년: 덧셈과 뺄셈

– **2학년: 덧셈과 뺄셈, 곱셈구구**

– 3학년 곱셈과 나눗셈

– 4학년 소수의 덧셈과 뺄셈

□ 놀이 형태: 짝 활동(2인 1조)

□ 준비물: 풀이 활동지(학급 인원만큼), 문제 활동지(2인 1조만큼)

문제지(교사가 문제를 줄 경우)

| 곱셈구구 | 문제 활동지 | 풀이 활동지 |

□ 놀이 방법

〈기본 규칙〉

− 연산 기호는 성냥개비를 이용하지 않는다.

− 자석 막대로 디지털 숫자 표기에 대해 안내한다.(약속)

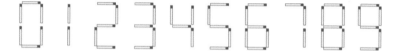

〈아이들이 문제를 만들 경우〉

① [준비하기] 교사는 풀이 활동지는 모든 아이에게, 문제 활동지는

2인 1조로 나누어 준다.

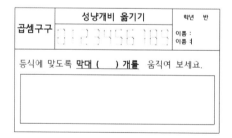

〈문제 활동지〉

〈풀이 활동지〉

② 짝과 의논하여 곱셈구구를 활용한 틀린 곱셈식을 만든다.

   – 자석 막대 1~2개를 옮겨 올바른 식이 되도록 만든다.

   – 올바른 식을 만든 후 성냥개비의 위치를 바꾸면 수월하다.

〈문제 예시〉

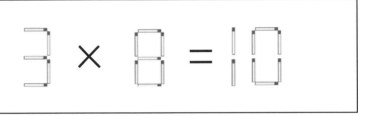

⇩

자석 막대 1개 옮기기	자석 막대 2개 옮기기
3 × 6 = 18	2 × 9 = 18

③ 틀린 곱셈식을 문제 활동지에 표현한다.

④ 만든 문제 활동지를 책상 위에 두고 짝과 함께 뒷자리로 이동한다.

   (맨 뒤 아이들은 맨 앞자리로 이동함)

⑤ 짝과 함께 다른 친구가 만든 문제를 해결하고 해결방법을 활동지에 쓴다.

   친구들도 풀어야 하므로 문제 활동지에 답을 쓰지 않는다.

⑥ ④~⑤를 반복한다.

〈교사가 문제를 제공해 주는 경우〉

① [준비하기] 교사는 활동지를 모든 아이에게 나누어 준다. 학급 인원의 2분의 1 이상 개수만큼의 문제지를 칠판에 붙인다. (같은 문제를 여러 장 출력해도 됨)

② 짝과 의논하여 도전해 보고 싶은 문제를 가져온다.

③ 문제지의 조건에 맞게 성냥개비를 옮겨 맞는 수식으로 바꾸고 해결방법을 활동지에 쓴다.

④ 문제를 해결하면 새로운 짝을 만나 비어 있는 책상에 앉아서 문제를 해결한다.

□ 놀이로 배움을 만들어요

틀린 수식을 맞는 수식으로 만들기 위해서는 문제를 바꿀 수도 있고 답을 바꿔야 할 수도 있습니다. 무엇을 바꾸어야 수식이 맞는지 모르기 때문에 아이들은 더 많은 경우를 생각하고 시도하지요. 성냥개비를 옮긴 후에는 점검을 통해 자신이 푼 방법에 대해 확신을 갖거나 수정의 과정을 거칩니다.

처음에는 탐색이나 전략 없이 성냥개비를 이리저리 옮기는 경우가 많습니다. (이 과정에서 우연히 맞는 식으로 바꾸는 행운이 생길수도 있어요.) 하지만 놀이가 거듭될수록 디지털 숫자 표기, 수들의 관계를 고려하여 곱셈구구가 가능한 식을 생각합니다. 다른 짝을 만나 문제를 해결하면서 효율적인 전략을 모방하여 자신의 전략을 수정, 보완하지요.

실제 성냥개비 막대나 자석 막대를 이용할 경우, 수정이 쉬워서 여러 번의 실패가 다른 방법을 찾는 시도로 수월하게 연결됩니다. 이 놀이에서 실패는 다른 전략을 찾는 정보의 역할을 하기 때문에 수학에 대한 긍정적인 태도를 기를 수 있습니다.

□ 이렇게도 할 수 있어요

대부분의 연산 관련 학습에서 활용 가능합니다. 아이들이 문제를 만들 경우 만드는 과정에서도 목표한 연산에 대해 의견을 나누고 확인, 검증하는 경험을 할 수 있습니다. 다만 '두 자리 수끼리의 곱', '통분이 필요한 분수 연산' 등 큰 값이 나오거나 계산이 복잡한 연산의 경우 시간이 많이 걸려 놀이의 재미를 떨어뜨리므로 적합하지 않습니다.

〈덧셈과 뺄셈〉

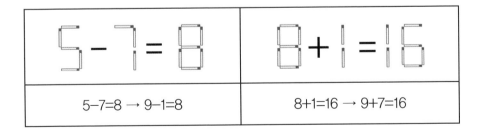

5-7=8	8+1=16
5-7=8 → 9-1=8	8+1=16 → 9+7=16

〈곱셈〉

〈분수〉

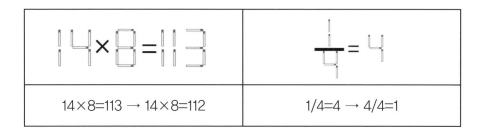

14×8=113 → 14×8=112	1/4=4 → 4/4=1

〈나눗셈〉

〈혼합계산〉

50÷8=23 → 58÷2=29	2+1÷4=8 → 2+4÷4=3

– 성냥개비를 쓰거나 자석막대도 사용 가능합니다.

– 옮기는 성냥개비 개수는 1~2개가 적당합니다. 3개 이상이 되면 변수가 너무

   많아 목표한 배움에서 멀어질 수 있으므로 주의합니다.

– 수업 전에 디지털 숫자를 옮겨보는 활동을 하면 학습이 원활해집니다.

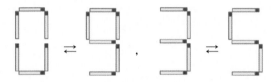

〈막대 위치 옮길 경우〉

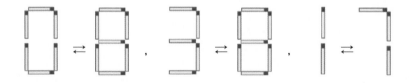

〈다른 숫자에서 막대를 가져오거나 빼는 경우〉

– 성냥개비는 시중에 나와 있는 자석성냥개비를 이용해도 되나 비용이 부담스럽

   다면 판자석을 1×4cm으로 잘라서 사용합니다. 처음 만들 때 번거로움만 이

   겨내면 1~4학년 연산에 고루 사용할 수 있는 교구를 가질 수 있습니다.

[곱셈구구] 곱셈 수널판

#수식추리 #사칙연산 #너들 #워들

구구단표가 있던 책받침을 가져 보았나요?

2단과 5단은 쉽게 외웠지만 8단은 자꾸만 헷갈리지 않았나요?

구구단을 외자~♬ 게임, 자신 있나요?

곱셈구구는 곱셈, 나눗셈 문제 해결의 기초가 됩니다. 그렇기에 많이 연습하고 익혀야 하지요. 그 과정은 단순 반복이 아니라 스스로 생각하고 구성원리를 유추해 볼 수도 있어야 하고요.

7×8은? 56. 8×9? 72. 5×8? 40.

아이들은 곱셈구구에서 하나의 식에 답을 찾는 문제에서는 틀릴까 봐 불안해하고 답을 제대로 하지 못하면 속상해합니다.

7×8이라는 식을 주고 56이라는 정답을 찾는 것과 7×8=56이라는 식을 통째로 찾는 것은 확연하게 다릅니다. '7×8은 얼마일까요?'에 56을 찾았다고 뿌듯하지는

않지만 답을 찾지 못하면 속상해합니다. 아직까지 곱셈구구를 능숙하게 외우지 못한다고, 수학을 못하는 것 같다고 자책하기도 하고요. 수널판에서 7×8=56을 찾아내지 못하더라도 속상해하지 않습니다. 답을 찾아가는 과정에 있다고 생각하기 때문이지요. 답을 찾았다면 "아싸~!" 그 성취감과 뿌듯함은 말로 표현할 수 없을 정도랍니다.

곱셈 수널판 놀이는 곱셈식을 유추하는 과정에서 반복적으로 곱셈구구를 외우고 여러 수를 대입해 보게 합니다. 아이들이 곱셈이라는 큰 산을 재미있게 오르고 곳곳에서 기쁨(성취)를 얻을 수 있습니다.

□ 적용 학년

– 1학년: 덧셈과 뺄셈

– **2학년: 덧셈과 뺄셈, 곱셈 구구**

– 3학년: 덧셈과 뺄셈, 곱셈과 나눗셈

– 4학년: 혼합계산, 곱셈과 나눗셈

□ 놀이 형태: 전체 활동

□ 준비물: 6칸 곱셈 수널판 문제(교사)

□ 놀이 방법

〈기본 규칙〉

– 숫자와 자리 모두 맞으면 빨간색 동그라미, 숫자는 맞지만 자리가 맞

  지 않으면 노란색 동그라미, 모두 아니면 그대로 둔다.

– 같은 숫자가 개수보다 많을 경우 빨강/노랑 하나만 동그라미.

  3×6=18 곱셈식을 추리에서 아래와 같이 말했다면

6 × 8 = 48

정답의 수식에는 8이 한번 들어가지만 아이가 말한 식에는 8이 두 번 들

어가 있다. 그렇다면

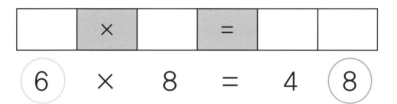

위와 같이 표시해 준다. 6은 포함되지만 자리는 아니고 결과의 8은 포함

되고 자리도 맞지만 곱하는 수의 8은 아무 표시도 하지 않았기 때문에 8

이 하나만 포함되는 수식이라고 추리할 수 있다.

– '=' 의 오른쪽에는 숫자만 있어야 한다.

– 덧셈의 교환법칙은 인정하지 않는다. 3+5=8, 5+3=8은 다르다.

① [준비하기] 교사는 곱셈 수널판을 제시하거나 칠판에 그려 준다.

② 아이들은 4칸에 들어갈 수식을 예상하여 말한다. (예:3×6=18)

③ 교사는 아이들이 말한 식을 칠판에 적고 규칙에 맞게 동그라미 하거나 표시

하지 않는다.

④ 숨겨진 곱셈식을 찾을 때까지 반복한다.

⑤ 수식 추리 전략을 공유한다.

'워들(Wordle)'이라는 영단어 게임이 있다. 이 게임은 2021년에 나와 미국에서 커다란 인기를 끌고 있으며 빌 게이츠도 푹 빠졌다고 한다. 한국어 버전으로 '꼬들'도 있고 수식을 넣는 '너들'도 있다. 이 게임의 인기 이유는 아주 심플한 규칙이라 누구나 쉽게 즐길 수 있는 점이다. 또 처음에는 아무 단어나 넣어서 시작해야 하기 때문에 실패를 당연하게 받아들이며 앞의 실패에서 찾은 단서로 성공으로 나아가게 하는 매력이 있다. 수식을 찾을 수 있는 앱이 많이 있지만 아이들이 보기에 적절하지 않은 광고가 뜨는 경우가 있고 단계별로 되어 있지 않아 수업에 적용하기 어렵다.

이 게임의 매력은 그대로 살리고 성취기준에 맞도록 변형하여 수업에 적용한 놀이이다.

곱셈구구는 충분한 연습이 필요합니다.

곱셈 수널판은 곱셈구구의 기계적인 암기에서 벗어나 곱셈식을 완성하기 위해 어떤 수를 넣어야 할지 추리하는 활동입니다. 추리를 하기에 곱셈구구 외우는 속도가 주는 차이가 뚜렷하게 드러나지 않습니다. 곱셈식 하나에 답만을 적는 경우 '저는 구구단을 잘 못 외워요.'라고 말하며 수업에 의욕을 보이지 않거나 문제 해결을 쉽게 포기하는 아이를 만나게 됩니다. 하지만 수널판에서는 곱셈구구를 잘 외우지 못하더라도 여러 번 수정을 시도하고 자신의 방법에 의해 수식을 완성하려는 태도를 보입니다.

하나의 문제를 해결하기 위해 여러 번의 사고(가설–실행–가설–실행)를 경험하며 생각하는 것이 자연스러워집니다. 단순히 외운 것을 답하거나 공식에 의해 계산만 했던 아이들은 새롭고 어려운 문제에 부딪히면 쉽게 포기합니다. 하지만 시행착오를 겪으며 문제를 해결한 경험이 많은 아이들은 쉽게 포기하지 않습니다. 천천히 사고하면서 다시 도전합니다.

	×		=		

교사가 문제를 정하고 (3×6=18) 수널판을 제시하거나 칠판에 그려 줍니다. '2×7=14'라고 아이가 말했다면 교사는 아이가 말한 식을 칠판에 적고 빨간색, 노란색 동그라미가 있어야 하는 곳에 표시를 해줍니다.

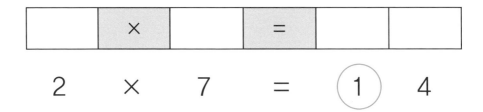

1에 빨간색 동그라미 표시는 자리도 맞고 수도 맞았다는 뜻입니다. 하지만 2, 7, 4는 아무 표시되지 않았으니 수식에 포함되지 않는다는 뜻이라고 예상할 수 있습니다. 2, 7, 4와 1을 제외하면 남은 숫자는 0, 3, 5, 6, 8, 9입니다. 곱셈 결과의 십의 자리에 1이 빨간 동그라미이므로 두 수를 곱해서 십 몇이 나와야 합니다. 아이들은 십 몇을 찾기 위해 구구단을 외우게 되겠지요. 2, 7, 4가 들어가는 식을 제외하고 곱셈구구에서 십 몇이 나오는 곱셈식은 3×5=15, 3×6=18, 5×3=15, 6×3=18입니다.

아이가 6×3=18을 선택한다면 교사는 아래와 같이 표시를 해줍니다.

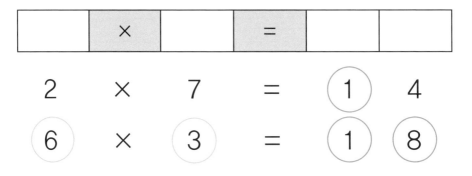

그럼 이제 들어갈 수 있는 식은 하나밖에 남지 않았습니다.

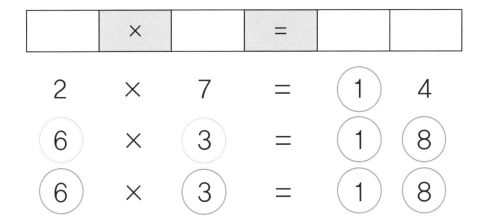

	×		=		

$$2 \times 7 = ①4$$

$$⑥ \times ③ = ①⑧$$

$$⑥ \times ③ = ①⑧$$

하나의 수식을 완성하기 위해 아이들은 여러 수를 조합해 보고 비교합니다. 앞의 단서는 문제 해결에 밑거름이 되기 때문에 들어갈 수 있는 수의 범위가 점점 좁아지며 답이 확정됩니다.

수널판 놀이는 처음의 생각을 연결하며 끝까지 해결할 수 있는 논리력을 키울 수 있습니다. 생각의 흐름을 일관되게 끌고 가는 연습이 자연스럽게 됩니다. 이런 연습을 통해 임의적으로 문제해결을 시도하거나 쉽게 포기하지 않고 어려운 문제도 논리적으로 차근차근 해결하는 능력을 기를 수 있게 합니다.

〈덧셈과 뺄셈〉

2학년 덧셈과 뺄셈 수널판은 다음과 같이 어떤 학습을 하는가에 따라 칸의 수를 조절하여 제시합니다.

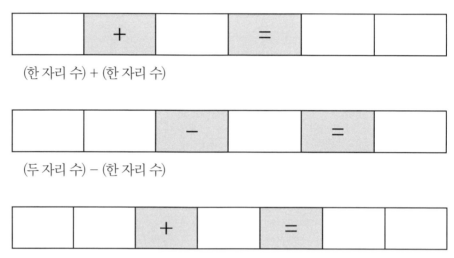

(한 자리 수) + (한 자리 수)

(두 자리 수) − (한 자리 수)

(두 자리 수) + (한 자리 수)

위의 예시처럼 칸에서 기호의 위치를 제시하거나 칸의 수를 조정할 수 있습니다. 덧셈, 뺄셈 연산 기호까지 포함하여 식 만들기를 한다면 아래와 같이 빈칸으로 제시하여 아이들이 덧셈, 뺄셈을 선택하도록 할 수 있습니다.

〈사칙연산〉

4학년부터는 사칙연산을 모두 사용하는 문제를 제시하여 아이들이 다양한 연산을 예상하고 경험하게 하는 것이 좋습니다. 아래와 같이 7칸을 제시하더라도 덧셈, 뺄셈, 곱셈, 나눗셈까지 모두 적용하며 다양한 문제를 만들 수 있습니다.

1	5	+	9	=	2	4
8	+	6	5	=	7	3
4	2	−	9	=	3	1
2	3	×	4	=	9	2
9	8	÷	7	=	1	4

위와 같이 아무것도 적히지 않은 7개 칸을 칠판에 그려주고 기호와 숫자를 넣어 수식을 완성해야 한다고 안내합니다. 교사가 생각한 식: 23×4=92로 예를 들어 볼까요? 아이가 들어갈 수 있는 식(8×12=96)을 말하면 교사는 규칙에 맞게 표시해 줍니다.

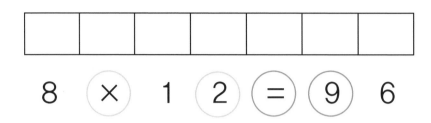

'=', '9'는 자리도 수나 기호도 포함되고 '×', '2'는 자리는 아니지만 포함은 된다는 뜻입니다. 아이들은 곱셈식이라는 것을 알게 되었기 때문에 (두 자리 수) × (한 자리 수) = (두 자리 수) 형식으로 식이 구성될 것이라 예상할 수 있습니다. 그리고 이 수식에는 1, 8, 6이 제외됨을 알게 되었지요. 곱하여 '구십 몇'이 나올 수 있는 곱셈의 조합을 생각해보니 7은 곱하는 수가 아닙니다.

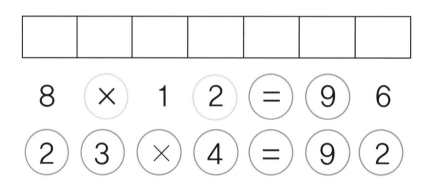

많은 경우의 수가 있을 것이라 예상하지만 그렇지 않습니다. 하나의 식이 말하

면 많은 단서가 주어지기 때문에 범위가 확 줄어듭니다. 실패한 식이 늘어날 때마다 단서는 많고 범위는 점점 더 줄어들어 찾는 식을 확정할 수 있습니다.

□ 수업의 팁

− 연산 기호까지 선택하게 할 때 아이들이 너무 어려워하거나 덧셈과 곱셈의 교환법칙으로 경우의 수가 너무 많다고 느낄 수 있습니다. 이때는 수식을 넣는 칸은 색을 주고 수를 적는 칸은 흰색으로 구별하여 제시할 수 있습니다.

[곱셈과 나눗셈] 셈식 작가가 되어 볼까?

#이야기카드 #카드바꾸기 #다양한문제상황 #사칙연산

"선생님, 그거 알아요?"

아이들은 이야기 들려주기를 무척 좋아합니다. 내 이야기를 귀 기울여 듣는 사람과는 친해지고 싶고 잘해주고 싶어지지요.

아이들이 이야기를 맘껏 나누고 친구의 이야기에 귀 기울여 듣는 교실이라면 친구 사이에 문제가 잘 일어나지 않습니다. 일어난다고 해도 아이들끼리 해결할 수 있습니다.

문제를 만들며 친구에게 이야기를 들려주기도 하고 친구의 이야기를 듣는 놀이가 있습니다. 놀이에서 아이들은 하고 싶은 이야기들을 마음껏 펼치기도 하고 다른 친구의 이야기를 귀담아 듣기도 합니다. 아이들의 이야기 속에는 원하는 것, 좋아하는 것, 두려워하는 것이 모두 들어 있답니다. 수학 문제가 그냥 문제가 아니라 살아 있는 아이들의 삶의 모습이 되는 것이지요.

색종이를 10장 가지고 있어. 한 사람이 3장씩 받았어. 몇 사람에게 나누어 주었지?

$10 \div 3 = 3 \cdots 1$
3사람이 받았고
1장이 남았어.

직접 문제를 만드는 경험이 많으면 주어진 문제를 읽고 이해하는 것도 쉬워집니다. 문제해석 방법을 자연스럽게 익히게 되기 때문이지요. 처음에는 엉뚱한 문제(수학적 개념에 어긋나거나 비현실적인 문제)를 만들기도 하지만 친구와 이야기를 나누면서 오류를 발견하고 수정합니다. 경험이 쌓일수록 문제 완성도도 높아지고 다양한 아이디어로 창의적인 문제도 만든답니다. 수동적인 문제 해결이 아닌 능동적으로 문제를 만들며 수학에 긍정적인 태도와 자신감을 가질 수 있습니다.

문제를 만들면서 짝이 이해할 수 있도록 배려하고 나의 문제를 이해시키려는 모습을 보입니다. 문제를 듣고 식을 잘 말하지 못할 경우 협력하여 문제를 해결하며 자연스럽게 서로 배려하고 협력하는 인성교육이 됩니다.

▢ 적용 학년

– 1학년: 덧셈과 뺄셈

– 2학년: 덧셈과 뺄셈, 곱셈구구

– 3학년: 세 자리 수의 덧셈과 뺄셈, **곱셈과 나눗셈**

– 4학년: 분수의 덧셈과 뺄셈

▢ 놀이 형태: 전체 활동

▢ 준비물: 이야기 만들기 카드(수 카드: 10장, 단어 카드: 10장, 연산기호 카드: 각 4장)

□ 놀이 방법

① [준비하기] 교사는 이야기 카드를 종류별로 다른 색으로 준비한다.(예: 28명 기준)

    – 수카드(파랑): 1~50까지의 수 중 10장

    – 단어카드(노랑): 사과, 호랑이, 기차, 영희 등 10장

    – 연산기호카드(빨강): × 4장, ÷ 4장

② 아이들은 이야기 카드 중 1장을 가진다.

③ 자기와 다른 색의 카드를 가진 짝을 만난다.

④ 카드를 보고 한 사람은 이야기를 상대는 식을 만든 후 역할을 바꾸어 활동한다.

⑤ 짝과 카드를 교환한다.

⑥ 다른 짝을 만나 활동을 이어나간다

아이들이 직접 곱셈과 나눗셈에 관련된 문제를 만들고 해결합니다. 이야기 카드 중 단어카드는 아이들이 직접 작성하거나 관심이 높은 단어들로 구성하는 것이 좋습니다.

아이들이 만드는 문제는 수업 중 교사가 표현한 부분을 잊지 않고 사용하는 경우가 많습니다. 예시를 제시할 때 곱셈(동수누가, 배, 비율, 비교 정렬) 나눗셈(동수누감, 등분)의 다양한 상황을 제시합니다.

나눗셈 문제 해결 상황에서 아이들이 특히 어려워하는 부분이 나머지를 처리하는 방법입니다. 문제 상황에 따라 나머지를 버림으로 하거나 올림으로 해야 하는 경우가 생길 수 있습니다. 나눗셈으로 해결해야 하는 문제를 만들 때 꼭 나누어떨어지지 않아도 됨을 알려줍니다. 일상생활에서는 나누어떨어지지 않는 경우가 더 많으니까요.

수 카드에 제시된 수는 곱셈에서 곱하는 수, 곱해지는 수, 결과(나누는 수, 나누어지는 수, 몫) 중 어느 곳에 들어가도 됩니다. '6', '÷' 카드가 있다면 '6÷2=3'이라는 식이 만들어지는 이야기를 만들어도 되지만 '12÷6=2'이거나 '24÷4=6'이 되는 이야기를 만들 수도 있습니다.

연산 카드, 수 카드, 단어 카드가 모두 모여 이야기를 만들지 않고 두 사람이 만나 이야기 만들기를 하는 이유는 빈 부분을 상상해서 채워 넣을 수 있게 하기 위함입니다.

한 번의 활동이 끝나고 짝과 카드를 바꾸면 다른 종류의 카드를 가질 수 있는 기회가 주어지기 때문에 다양한 문제 상황을 상상하며 식을 만들 수 있게 됩니다.

〈덧셈과 뺄셈〉

저학년의 경우 특히 단어카드는 아이들이 직접 작성하는 것이 좋습니다. 교사가 예시를 제시할 때 아이들이 잘 만들지 않는 덧셈에서는 합병 상황을, 뺄셈에는 비교 상황을 들어 주면 좋습니다. 이렇게 하면 덧셈의 첨가/합병, 뺄셈의 제거/비교 상황까지 다양하게 나올 수 있습니다.

연산카드로 + 카드와 호랑이 카드가 만났다면,

〈분수의 덧셈과 뺄셈〉

분수의 덧셈과 뺄셈은 아이들이 친숙한 실생활 상황을 이용하여 연산의 필요성을 느낄 수 있도록 해야 합니다. 하지만 실생활에서 분수의 연산을 하는 경우는 찾기 힘듭니다. 그렇기 때문에 분수의 연산을 기계적으로 학습하기 쉽습니다. 분수의 의미와 분수 연산의 필요성을 느낄 수 있도록 분수의 덧셈과 뺄셈 이야기 식만들기 놀이를 할 수 있습니다.

분수의 덧셈과 뺄셈의 단어 카드는 피자, 롤케이크, 우유, 색종이, 리본끈, 거리 등 분수 연산에 적당한 단어로 구성하고 수 카드는 그 차시의 학습에 맞게 진분수, 가분수, 대분수를 넣을 수 있습니다. 4학년 분수의 덧셈과 뺄셈은 같은 분모의 분수이기 때문에 같은 분모를 가진 분수만으로 구성합니다. 분수의 덧셈과 뺄셈 상황은 아이들에게 익숙하지 않으므로 교사와 함께 문제 만들기 활동을 충분히 연습하고 놀이를 적용하는 것이 좋습니다.

물이나 우유의 경우 ㎖, L로 리본끈 길이는 ㎝, m로 거리는 m, ㎞로 무게의 경우 g이나 ㎏으로 적절한 단위를 사용하여 이야기를 만들 수 있도록 안내가 필요합니다. 리본끈 $1\frac{1}{6}$㎝로 선물을 포장했다고 이야기를 만들면 이해가 잘되지 않습니다. 길이나 부피 등 단위를 고려하여 이야기에 적용할 수 있도록 연습합니다.

자연수의 덧셈과 뺄셈에서와 마찬가지로 덧셈에서는 '나는 우유 $\frac{5}{6}$ L를 가지고 있고 동생은 우유 $\frac{2}{6}$ L를 가지고 있습니다. 나와 동생이 가지고 있는 우유는 얼마일까요?'와 같이 합병 상황을 제시합니다. 뺄셈에서는 '치즈 케익이 2조각 있습니다. 나는 $1\frac{1}{6}$ 만큼 먹고 동생은 $\frac{2}{6}$ 만큼 먹었습니다. 나는 동생보다 얼마나 더 많이 먹었을까요?'와 같이 비교 상황을 예시로 제시하면 좋습니다.

분모가 같은 분수의 덧셈과 뺄셈에서는 각 분수의 전체가 모두 같습니다.

예를 들어 피자 한 판은 모두 같은 판(L, M S 사이즈 구별 없이)의 크기를 가진다는 것입니다. 아이들은 문제 상황을 제시할 때 더하거나 빼는 두 분수의 전체가 같아야 한다는 점에 주의하도록 합니다.

[곱셈] 함께 만드는 빙고

#Dotty(점빙고) #추리하는재미 #논리적사고 #경우의수

"빙고!"

빙고는 규칙이 간단하고 여러 과목에서 두루 사용할 수 있어 교실에서 많이 하는 놀이입니다.

내가 원하는 단어를 말해 주길 바라는 간절함과 맨 처음 빙고를 외칠 때의 짜릿함! 하지만 빙고는 자신의 판에 동그라미, 대각선을 만들어 빙고를 외칠 때까지 혼자서 합니다. 그렇기에 빙고를 외치는 기쁨도 오롯이 혼자만 가집니다. 친구와 함께 빙고를 완성하면, 기쁨이 배가 되지 않을까요?

Dotty는 점 빙고입니다.

번갈아가며 주사위를 던져 나온 수만큼 동그라미 하는 놀이지요. 그렇게 해서 가로, 세로, 대각선으로 한 줄을 만들면 빙고! 한 칸의 점의 개수는 정해져 있지만 나의 점과 짝의 점을 구분하지는 않습니다. 짝과 누가 먼저 한 줄을 만드는지 겨루지만 빙고의 기쁨을 같이 나눌 수 있습니다. 한 줄 빙고의 완성에 짝과 내가 모두 기여했기 때문이지요.

놀이에서 짝이 한 행동뿐만 아니라 나의 행동도 짝에게 도움이 됩니다. 이렇게 서로 도움을 주고받는 놀이라면 승패는 중요하지 않겠지요? 누구 하나 속상해하거나 억울하지 않고 모두 함께 행복할 수 있습니다.

놀이에서 경쟁을 강조하지 않고 협력을 할 수 있도록 하면 '친구와 사이좋게 지

내야 한다, 서로 돕자.'라고 말하지 않아도 곧 놀이가 인성교육이 되는 것입니다.

"빙고!"

친구가 내 마음속 생각을 정확히 읽어 내거나 나의 질문에 만족스러운 답변을 내놓았을 때, 내가 원했던 것이 딱 이루어질 때 그 기쁜 마음을 표현할 때도 우리는 이렇게 외칩니다. 교실에서의 빙고도 이런 놀이가 되면 좋겠습니다.

□ 적용 학년

– 1학년: 10까지 수 만들기

– **3학년: 곱셈과 나눗셈**, 분수

– 4학년: 분수의 덧셈과 뺄셈

□ 놀이 형태: 짝 활동(2인 1조)

□ 준비물: 활동지(2인 1조만큼), 육면체 주사위(2인 1조만큼)

□ 놀이 방법

□ 도티 : 주사위를 굴려 나온 수만큼 빙고판에 동그라미를 짝과 번갈아 그리고

　　마지막에 1줄을 채운 사람이 빙고를 외친다.

〈기본 규칙〉

－ 한 칸이 1이 되어야 한다.

－ 나온 수가 분모보다 큰 경우는 쓸 수 없다.

－ 수는 나누어 적을 수 없다. 만약 3이 나왔을 때 한 칸에 2를 적고 다른

　　칸에 1을 적으면 안 된다.

① [준비하기] 교사는 활동지를 2인 1조로 나누어 준다.

② 짝과 함께 1–6까지의 두 수를 곱해 나올 수 있는 곱셈 결과를 넣어 빙고판을

　　만든다.

③ 주사위를 굴려 나온 수를 곱했을 때 곱셈식이 나올 수 있는 칸에 주사위 수를 적는다.

④ 짝과 번갈아 가며 곱셈식을 완성할 수 있는 수를 채워 넣는다. 숫자 12가 들어 있는 칸에 6을 썼다면 다음번에는 2를 써야 된다. 먼저 4를 적었다면 3을 적어야 12가 들어 있는 칸이 완성된다.

⑤ 내가 수를 마지막으로 채워 넣어 수식을 완성하고 한 줄을 만들었을 때 빙고라고 외친다.

12	8	24
15	9	18
4	6	5

12 6×	8	24
15	9	18
4	6	5

12 6×	8 4×2	24
15 5×	9 3×3	18 6×
4	6 1×	5

12 6×	8 4×2	24
15 5×	9 3×3	18 6×
4	6 1×6	5

주사위를 던져 두 수의 곱이 칸에 적힌 수가 만들어졌을 때 한 칸이 채워지고 한 줄이 채워졌을 때 빙고를 외치는 놀이입니다. 1줄에서 맨 마지막에 칸을 채운 사람이 빙고를 외칠 수 있기 때문에 무조건 한 칸을 채워나가는 식의 방법보다는 주사위를 던졌을 때 나온 수를 여러 칸에 분산시켜 적어 두면 빙고를 외칠 수 있는 기회가 여러 번 옵니다. 예를 들어 ㉠처럼 무조건 한 칸을 채워나가는 경우는 주사위를 던져 6이 나오면 마지막으로 6을 쓴 사람이 빙고를 외칠 수 있지만 ㉡처럼 분산을 시켜 적어 두면 한 줄을 채울 수 있는 기회가 누구에게 올지 모르기 때문에 더 흥미진진해집니다.

㉠		
12 6×2	8 4×2	24
15	9 3×3	18
4	6 1×	5

㉡		
12 6×	8 4×	24 6×
15	9 3×	18 6×
4 2×	6 1×	5

이 놀이는 짝과 의논하여 비어 있는 빙고 칸에 수를 쓰기, 한 칸을 수로 채우는 방법, 누구에게 빙고를 외칠 기회를 줄 것인가 등 선택의 요소가 많습니다. 배움

의 나눔 시간을 통해 선택의 요소를 어떤 방법으로 또는 어떤 마음으로 선택했는지 나누어 봅니다.

점빙고는 "하나, 둘, 셋…" 계속 세어 보지 않아도 한 칸에 있는 점의 수를 세기 쉽게 하는 배열 구조도 배웁니다. 6 만들기이면 한 줄에 3개씩, 10 만들기이면 한 줄에 5개씩 배열하기 때문이지요.

짝이 빙고를 외칠 수 있도록 알맞은 칸에 숫자를 적어주는 배려도 자신이 선택할 수 있습니다.

이렇게 선택의 요소를 다양하게 제공하면 아이들은 더 적극적으로 참여하고 집중하게 되지요.

활동에 익숙해지면 세 수를 곱해서 만들 수 있는 수를 칸에 적어 활동해 볼 수 있습니다. 그러면 (두 자리 수)×(한 자리 수)까지도 학습이 가능해집니다.

그리고 이 활동을 통해 식과 답을 적는 두 가지 방법도 배울 수 있습니다.

① 식: 15÷5   답: 3

② 식: 15÷5=3 답: 3

〈점을 이용한 10 만들기〉

〈기본 규칙〉

— 짝과 번갈아 가며 주사위를 던져 나온 눈의 수를 동그라미로 표시한다.

— 한 칸에는 10이 되도록 한다.

— 한 줄이 되도록 마지막에 표시한 사람이 '빙고'를 외친다.

주사위를 던져 2가 나온 경우 검정 동그라미를 마지막에 2개를 그려 넣은 사람이 빙고를 외칩니다.

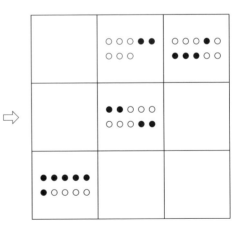

<분수 개념 알아보기>

　분수 개념을 익히기 위한 놀이에서는 빙고의 각 칸에 있는 전체크기 1이 같아야 하므로 활동지를 사용하는 것이 좋습니다. 주사위를 던져 나온 수만큼 색칠할 때는 분수의 양을 말한 후 색을 칠하도록 합니다. 예를 들어 주사위 수가 '2'가 나왔다면 '$\frac{2}{7}$'라고 말하고 전체가 똑같이 '7'로 나누어진 칸에 '$\frac{2}{7}$'만큼 색칠합니다. 또는 주사위 수가 '2'가 나왔을 때 '$\frac{2}{4}$'라고 말하고 전체가 똑같이 '4'로 나누어진 칸에 '$\frac{2}{4}$'만큼 색칠하면 됩니다. 이 과정을 통해 전체 1을 다양한 단위분수로 채울 수 있음을 알게 됩니다.

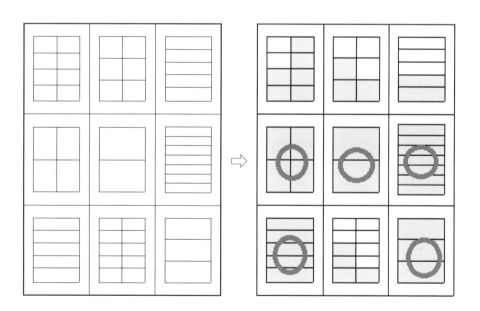

〈던진 주사위의 수로 식 만드는 빙고〉

◎ 분수의 덧셈으로 자연수 1 만들기

짝과 의논하여 분모를 넣어 빙고판을 만들고 주사위를 굴려 나온 수를 빙고판에 씁니다. 이때 분모가 8인 분자에 주사위를 굴려 나온 수 2를 적고 싶다면 '$\frac{2}{8}$'라고 말하고 '$\frac{2}{8}$' 2를 씁니다.

짝과 번갈아 가며 숫자를 써야 하고 한 칸의 분자는 분모의 크기만큼만 수를 적을 수 있습니다. 한 칸의 분수가 1이 되도록 채우다가 한 줄이 모두 1이 될 때 마지막으로 수를 쓴 사람이 빙고를 외칩니다.

분자에 수를 두 번까지 쓸 수 있으므로 분모가 12를 넘지 않도록 합니다. 수는 나누어 적을 수 없습니다. 만약 3이 나왔을 때 한 칸에 2를 적고 다른 칸에 1을 적으면 안 됩니다.

$\frac{2}{8}$	$\frac{}{6}$	$\frac{}{12}$
$\frac{}{4}$	$\frac{}{2}$	$\frac{6,}{7}$
$\frac{}{12}$	$\frac{}{10}$	$\frac{}{9}$

⇒

$\frac{2,6}{8}$	$\frac{}{6}$	$\frac{}{12}$
$\frac{3,}{4}$	$\frac{2}{2}$	$\frac{6,}{7}$
$\frac{}{12}$	$\frac{5,}{10}$	$\frac{4,5}{9}$

146

◎ 나눗셈으로 빙고 완성하기

주사위에 있는 수로 나누었을 때 나머지가 '0'이 되도록 나눗셈식의 일부를 적어 빙고판을 만듭니다. 주사위의 수가 6이 나왔다면 나누어지는 수가 6, 12, 18, 24 인 나눗셈식에 적을 수 있으므로 한 곳을 선택하여 적습니다. 몫도 주사위를 던져 해당하는 수가 나와야 적을 수 있습니다.

12÷	8÷	24÷
15÷	9÷	18÷
4÷	6÷	5÷

⇨

12÷6=2	8÷4=2	24÷
15÷5=3	8÷4	18÷
4÷2=2	6÷	5÷

〈식을 적어놓고 던진 주사위의 수가 답이 되는 빙고〉

〈기본 규칙〉

– 빙고판에 십면체 주사위를 던져 나올 수 있는 수가 답이 되도록 덧셈식, 뺄셈식, 곱셈식, 나눗셈식을 짝과 함께 쓴다.

– 주사위를 던져 나오는 수에 해당하는 식에 수를 써서 표시한다.

– 한 줄이 되도록 마지막에 표시한 사람이 '빙고'를 외친다.

십면체 주사위에 적힌 수는 0~9입니다. 식을 적을 때도 답이 이 범위에서 나올 수 있도록 적어야 합니다.

◎ 덧셈 · 뺄셈식으로 빙고하기

13-7 6	4-3	6+2
5-4	2+4 6	4+3 7
1+5	2+3 5	3-1 2

⇨

13-7 6	4-3	6+2
5-4	2+4 6	4+3 7
1+5 6	2+3 5	3-1 2

◎ 곱셈으로 빙고하기

1×6	1×5	1×7
4×2	2×4	3×2
5×1	1×3	3×1

⇨

1×6	1×5	1×7 7
4×2	2×4 8	3×2 6
5×1	1×3	3×1 3

◎ 몫으로 나눗셈 빙고하기

$12 \div 4$	$10 \div 5$	$64 \div 8$
$42 \div 7$	$49 \div 7$	$32 \div 8$
$35 \div 5$	$24 \div 6$	$16 \div 8$

⇨

$12 \div 4$	$10 \div 5$	$64 \div 8$
3		8
$42 \div 7$	$49 \div 7$	$32 \div 8$
6	7	4
$35 \div 5$	$24 \div 6$	$16 \div 8$

□ 수업의 팁

– 한 칸이 채워졌을 때 동그라미로 표시하거나 빗금을 치면 헷갈리지 않습니다.

– 분수의 경우 분모를 너무 큰 수로 적으면 주사위를 여러 번 던져야하므로 주사위를 2~3번 정도 던지면 만들 수 있는 수를 적어야 게임에 더 집중할 수 있습니다.

– 나눗셈식에서는 몫을 적는 사람이 '='을 적어주도록 합니다.

[세 자리 수의 덧셈과 뺄셈] 목표 수를 향하여

#협력과소통 #변하는상황 #다양한방법

해외에서 한 달 살기. 목표 체중 유지하기. 엄마랑 해수욕장 가기.

어떤 것은 이루었고 또 어떤 것은 귀찮아져서 하지 못했습니다. 그리고 어떤 것은 버킷리스트를 쓸 때와 상황이 달라져서 할 수 없게 된 것도 있습니다.

목표한 수를 만들기 위해 아이들은 어떤 숫자 카드를 가져와야 하는지 의논합니다. 친구가 어떤 숫자를 가져오느냐에 따라 내가 가져와야 할 숫자가 달라집니다. 가져온 카드로 목표 수를 만들 수 있는지 확인하기 위해 세 자리 수끼리의 연산을 반복합니다. 하지만 칠판에 붙어 있는 숫자 카드는 제한적입니다. 처음에 계획한 숫자 카드를 못 가져올 수도 있는 상황이 일어나기도 하지요.

계획한 숫자 카드를 가져오지 못할 때마다 목표 수를 만들기 위한 방법이 달라집니다. 다시 의논하고 다시 계산하고 계획하지요. 계획대로 되지 않을 수도 있다는 걸 경험한 아이들은 수식을 만들 때 여러 가지 경우를 따지게 됩니다. 어찌나 진지하게 이야기 나누는지 동그란 머리들이 가운데로 모여 있습니다.

목표는 한 번에 이루기 어렵습니다. 목표를 이루기 위해서는 바뀌는 상황에 따라 같은 것을 반복할 수도 있고 새로운 것을 여러 번 시도해야 할 수도 있지요. 전략, 협력과 소통이 활발히 일어나는 역동적인 시간을 원한다면 이 놀이를 함께 해 보는 건 어떨까요? 상황에 따라 선택이 달라지는 삶의 의미를 수학 시간에 살짝 맛보게 해 줄 겸!

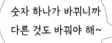

숫자 하나가 바뀌니까 다른 것도 바꿔야 해~

다시 계산해 보자!
888
꼭 만들고 말테닷!

□ 적용 학년

– 2학년: 덧셈과 뺄셈

– **3학년: 세 자리 수끼리의 덧셈과 뺄셈**

– 5학년: 혼합계산

□ 놀이 형태: 모둠 활동(4인 1조)

□ 준비물: 0∼9까지 숫자카드 5벌(학급 전체)

□ 놀이 방법

〈기본 규칙〉

– 한 사람이 카드 2장을 가져올 수 있다.

– 합이 목표 수가 되는 세 자리 수끼리의 덧셈식을 만든다.

① [준비하기] 교사는 칠판에 카드 5벌을 무작위로 붙이고 목표수를 쓴다.

② 모둠원 4명은 1~4번까지 순서를 정한다.

③ 목표수를 어떻게 만들지, 어떤 숫자카드를 가져와야 하는지 의논한다.

목표 수 : 888

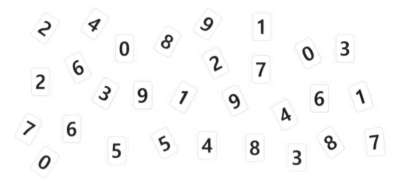

〈예시〉

1모둠	2모둠	3모둠
4 3 5 + 4 5 3	1 7 2 + 7 1 6	2 9 9 + 5 8 9

4모둠	5모둠	6모둠
6 7 9 + 2 0 9	3 2 8 + 5 6 0	2 7 1 + 6 1 7

1(4장), 2(5장), 3(3장), 4(2장), 5(4장), 6(4장), 7(5장), 8(2장), 9(5장), 0(2장)을 사용했다.

④ 각 모둠에서 1번 아이가 나와 카드 2장을 가져간다.

⑤ 2번 아이, 3번 아이 순으로 카드를 2장씩 가져간다.

⑥ 마지막 아이는 카드를 안 가져와도 된다. 이미 가져온 카드를 다른 카드로 바꿔 올 수도 있다.(최대 2장)

⑦ 모둠이 가진 카드로 목표 수가 되는 세 자리 수의 합을 만든다.

□ 놀이로 배움을 만들어요

목표 수가 나오게 하는 방법은 다양합니다. 아이들은 선택한 숫자 카드로 목표 수를 만들기 위해 노력하지요. 처음에는 받아올림이 없는 세 자리 수끼리의 덧셈으로 목표 수를 만드는 모둠이 많습니다. 하지만 칠판에 붙은 숫자 카드는 제한적이라는 문제에 부딪힙니다. 예를 들어 888이 목표 수인데 444+444로 만들기로 했다면 이 계획은 실행하기 어렵습니다. 카드는 5벌이고 계산에 필요한 4 는 5

장이기 때문이지요. 454+434으로 목표 수를 만들기도 어렵습니다. 전체 5장 밖에 없는 4 를 우리 모둠이 4장이나 가져올 수 있는 확률은 낮기 때문입니다.

처음 계획했던 수식을 만들 수 없게 되었을 때, 아이들은 제한된 숫자 카드와 우리 모둠이 가져올 수 없는 상황에 대해 생각합니다.

숫자 카드를 골고루 가져오는 전략을 사용하여 765+123로 목표 수를 만들 수도 있습니다. 하지만 카드 중 하나만 바뀌어도 숫자 카드 배열을 다르게 해야 하거나 식을 완성할 수 없게 됩니다. 가져온 숫자 카드의 위치를 바꾸거나 숫자 카드를 바꾸어 오는 경우를 고려하는 등 상황에 따라 계속 식을 바꾸면서 수들의 관계를 생각할 수밖에 없지요.

놀이가 진행되면 칠판에는 두 수를 더해서 다른 수를 만들기 어려운 큰 숫자 카드들이 많이 남습니다. 큰 숫자 카드를 가져올 수밖에 없는 상황에서 아이들은 다른 모둠이 잘 가져가지 않는 숫자 카드를 활용하거나 받아올림이 있는 식으로 만들면 식을 만드는 방법이 좀 더 다양하다는 것을 알게 됩니다.

같은 목표 수를 다른 모둠은 어떤 방법으로 나타냈는지 서로 공유하며 서로의 연산을 검증하고 다양한 연산식에 대해 배움을 확장합니다.

154

〈덧셈과 뺄셈〉

2학년 두 자리 수 범위의 덧셈 뺄셈에 활용할 경우, 한 모둠당 4장의 숫자 카드가 필요합니다. 한 모둠당 6장의 숫자 카드가 필요했던 세 자리 수의 덧셈과 뺄셈 활동 때보다 숫자 카드 세트를 줄여 제공합니다.

5학년 혼합 계산에 대해 공부할 때는 괄호나 연산 기호도 선택할 수 있게 합니다. 목표 수를 다양한 혼합 계산으로 표현하는 활동으로 변형할 수 있습니다.

□ 수업의 팁

- 같은 숫자 카드를 써야 하는 경우가 많으므로 필요한 숫자 카드 개수보다 한 벌 정도만 여유 있게 제공합니다. 카드가 너무 많으면 받아올림이나 카드의 위치 조절할 필요가 없어지기 때문입니다.
- 어떤 연산식을 이용하여 목표 수를 만들 것인지 정하거나 가져올 카드와 바꾸는 카드를 무엇으로 할지 의논할 시간을 충분히 줍니다.
- 모둠의 1번에서 3번 아이가 가져온 6개의 카드로 목표수를 만들 수 있게 되면 마지막 아이는 카드를 가져오는 경험을 할 수 없습니다. 이런 경우, 두 번째 활동에서는 4번 아이가 카드를 먼저 가져올 수 있도록 합니다.

[검산하기] 나눗셈 빙고

#똥피하기 #황금열쇠 #사칙연산

대학 수학능력 시험을 칠 때. 큰 돈을 다른 사람의 계좌로 보낼 때. 너무나 떨려서 내가 쓴 번호가 맞는지, 숫자가 맞는지 여러 번 확인하고 또 확인했던 기억이 납니다. 여러 번 확인하면 틀릴 확률이 줄어드니까요.

검산은 계산의 맞고 틀림을 다시 확인을 하는 것입니다. 나누기에서는 자신이 제대로 풀었는지 (나누는 수)×(몫)+(나머지)=(나누어지는 수)의 식으로 다시 확인할 수 있지요. 자신이 해결한 것에 대해 확신을 가질 수 있게 됩니다. 생각한 답이 맞다면 자신이 옳았음을 확인할 수 있고 확신했음에도 틀렸다면 자신의 방법에 대해 고민해 봐야겠지요. 모둠원이 돌아가며 나누는 수와 나머지를 불러줍니다. 나누는 수와 나머지만 있기 때문에 나누어지는 수는 여러 개가 될 수 있습니다. 아이들은 여러 개의 나누어지는 수 중 빙고를 만드는 데 유리한 수를 동그라미 하지요. 나누어지는 수를 찾는 방법에 대해 자신만의 방법을 이야기하다 보면 아이들은 어느 순간부터 검산을 하고 있습니다. 왜냐구요? 수월하니까요!

물은 자유롭게 흐르게 두기도 하지만 필요한 경우에는 그 쪽으로 갈 수밖에 없도록 길을 만들기도 하지요. "다시 해결해 보겠니?", "검산을 해 보는 건 어때?"라고 말하는 것보다 검산하는 것이 유리한 놀이를 해 보는 건 어떨까요? 가르치는 것은 가끔 선생님에게만 보이는 길을 아이들이 갔으면 할 때, 아이들이 스스로 가는 것처럼 착각하게 만드는 것이기도 하답니다.

□ 적용 학년

– 3학년: 나누는 수가 한 자리 수인 나눗셈

– 4학년: 나누는 수가 두 자리 수인 나눗셈

□ 놀이 형태: 모둠 활동(4인 1조)

□ 준비물: 활동지(학급 인원만큼)

□ 놀이 방법

① [준비하기] 교사는 활동지를 모든 아이에게 나누어 준다.

② 아이들은 각자 자신의 5×5 빙고판에 1~100까지의 수 중 24개를 골라 각자

　적는다.

놀이가 수학을 만들다						❖□■❖			
검산하기		나눗셈 빙고				학년　반 이름 :			

🔑1~100까지의 수 중 24개를 골라 써 봅시다
한 칸은 황금열쇠로^^

		🔑		

순	나누는 수	나머지	나누어지는 수
1			
2			
3			
4			
5			
6			
7			
8			
9			
10			

5	20	31	56	69
13	30	37	49	68
7	19	🔑	54	75
8	16	42	55	67
1	23	38	52	64

– 황금열쇠의 위치는 아이들이 원하는 위치로 변경할 수 있기 때문에 제공되는 학습지에는 표시되어 있지 않다.

– 황금열쇠는 계산 없이 빙고 줄에 덤으로 추가할 수 있다.

③ 모둠원이 순서를 정해 돌아가면서 나누는 수, 나머지를 말한다. 나누는 수는 5! 나머지는 3!

④ 모둠 아이들은 각자 자신의 빙고판에서 해당하는 수(나누어지는 수)를 찾아 동그라미 한다. 해당하는 수가 여러 개 있더라도 하나만 동그라미 한다.

5	20	31	56	69
13	30	37	49	68
7	19	🔑	54	75
8	16	42	55	67
1	23	38	52	64

나누는 수	나머지	나누어지는 수
5	3	8, 13, 18 ⋯ 38, 68
3	0	30, 42, 54, 69, 75

⑤ 해당하는 수를 모둠원이 모두 찾으면 서로 확인하고 어떤 방법으로 찾았는지 공유한다.

⑥ 1줄이 완성되는 아이는 '빙고'라고 외치고 나누는 수, 나머지를 말하며 계속 참여한다.

처음에는 아이들이 나누는 수, 나머지를 들으면 빙고판에 있는 수 중 하나를 골라 계산을 합니다. 예를 들어 친구가 '나누는 수 5, 나머지 3'이라고 하면 자신이 원하는 위치에 있는 수 또는 나누는 수와 나머지를 고려해 어림한 수를 골라 계산해 봅니다. 몫은 상관없지만 나머지가 3이 나오지 않으면 또 다른 수를 골라 이 활동을 반복합니다. 나눗셈을 여러 번 해 볼 수 있는 기회는 되지만 자칫 놀이가 지루해질 수 있지요. 그러므로 제일 먼저 시작하는 친구가 제시한 조건에 해당하는 수를 모둠원이 모두 찾은 후에는 방법을 공유하는 시간을 가진 다음 놀이를 계속 이어 가는 것이 좋습니다.

"나누는 수 5, 나머지 3."

"나는 $5 \times 2 + 3 = 13$으로 생각하고 내 빙고판에 13을 찾아 동그라미 했어."

"나는 69에 동그라미를 치고 싶어서 $69 \div 5$를 계산해 보니 나머지가 4가 나오니까 68을 하면 나머지가 3이 될 것 같아서 68에 동그라미를 했어."

"나는 32가 있는 줄을 빙고로 만들려고 32를 선택했는데 $32 \div 5$를 하니 나머지가 2라서 다시 숫자를 선택해서 계산하느라 시간이 좀 걸렸어."

나누어지는 수를 찾는 다양한 방법을 알게 되면 그다음부터는 쉽게 놀이를 할 수 있습니다. 그리고 빙고핀의 수를 무조건 골라 나눗셈을 해 보는 것보다 검산이 편리함을 알게 되지요.

짝과 하면 먼저 시작한 사람이 빙고를 외칠 확률도 높을 뿐만 아니라 놀이가 너무 금방 끝납니다. 모둠으로 이 놀이를 하게 되면 나누는 수와 나머지를 부를 수 있는 기회도 많이 오고 빙고를 외칠 수 있는 기회도 여러 명에게 골고루 갑니다.

나누는 수, 나머지를 정해 주더라도 내 빙고판에는 이 조건에 해당하는 나누어지는 수가 여러 개일 수 있습니다. 이 때는 자신의 전략에 맞추어 하나를 선택하면 됩니다.

빙고를 만들고 싶은 줄에 위치한 수를 선택합니다. 나누는 수를 정해 나눗셈을 한 후 나누는 수와 나머지를 부르면 됩니다. 선택의 요소가 많기 때문에 더 흥미롭지요. 3학년임에도 불구하고 나누는 수를 두 자리 수로 불러 혼돈을 주는 경우도 있으므로 나누는 수는 한 자리 수임을 미리 안내합니다. 1~100까지 100개의 수 중 24개를 빙고칸에 적어야 하기 때문에 숫자를 고르는 것도 아이들에게는 부담이 될 수 있습니다. 처음에는 1~50까지 수의 범위를 좁히면 빙고판을 채우기도 수월하고 계산하여 나오는 나누어지는 수를 찾기도 좋습니다.

빙고판 아래나 옆에 나누는 수, 나머지, 나누어지는 수를 쓸 수 있는 칸을 만든 활동지를 제공해 주면 좋습니다. 놀이가 끝난 후 활동지 표를 보고 알 수 있는 점을 나누어 보면 아이들의 다양한 대답이 나옵니다. '나머지는 나누는 수보다 작다.' '나누어지는 수는 나누는 수만큼씩 커진다.' '나머지가 0일 때 계산하기가 가장 쉽다.', '친구들은 나누는 수를 주로 2, 3, 5를 많이 선택한다.' 등입니다. 나누는 수와 나머지의 관계를 이해한 아이들은 놀이가 거듭될수록 나머지를 나누는 수보다 1 작게 만드는 전략을 사용하기도 합니다.

나누는 수	나머지	나누어지는 수
5	3	8, 13, 18, 23 …
3	0	
2	0	
3	1	
7	6	
9	8	

또한 평소에 하는 빙고놀이와 다르게 '빙고'를 외쳤더라도 나누는 수, 나머지를 말하며 모둠원 모두가 빙고를 외칠 때까지 놀이에 계속 참여할 수 있어 친구를 배려하는 마음도 기를 수 있습니다.

〈나누는 수가 두 자리 수인 나눗셈〉

나누는 수가 두 자리 수가 되면 아이들은 복잡하다는 생각을 하게 됩니다. 하지만 검산을 이용하게 되면 오히려 나누어지는 수를 더 쉽게 찾을 수 있습니다. 나누는 수가 37, 나머지가 10 이라면 $37 \times 1 + 10 = 47$로 47, 94 등 47의 배수만 찾으면 되기 때문입니다.

□ 수업의 팁

– 황금열쇠 대신 똥 그림을 넣어 똥이 들어간 줄은 빙고가 될 수 없도록 만듭니다.

5	20	31	56	69
13	30	37	49	68
7	19	💩	54	75
8	16	42	55	67
1	23	38	52	64

5	20	🔑	56	69
13	30	37	49	68
7	19	31	54	75
8	16	42	55	67
1	23	38	52	64

– 계산을 편하게 하기 위해 나머지를 '0'으로 부르는 경우도 많습니다. 나머지가 '0'이 많으면 놀이의 목적인 검산의 의도에 빗나갈 수 있으므로 자주 부르지 않도록 미리 약속을 하는 것이 좋습니다.

[소수] 소수와 친해지는 넘브릭스 퍼즐

#길찾는재미 #수세기(소수세기) #소수점 #십진위치적기수법

요즘은 휴대폰으로 지도검색을 하면 되니 길 찾기에 크게 어려움이 없습니다. 어린 시절에는 골목길이 많은 동네에서 살았습니다. 친구의 집에 놀러가다가 골목을 잘못 들어 되돌아 나오기 일쑤였지요. 그땐 출발점으로 다시 돌아가야 합니다. 잘못 들었던 골목은 기억해 두었다가 다른 길을 찾아 들어가면 됩니다.

"0.9보다 0.1 큰 수는 얼마일까? 소수로 적어 볼래?"

0.9보다 0.1 큰 수에 0.10이라고 적혀있습니다. 0.10보다 0.1 큰 수는 0.11이라네요.

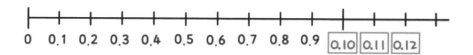

가끔 위와 같이 0.9보다 0.1 큰 수는 얼마인지, 1보다 0.1 큰 수는 얼마인지 잘못 표기하는 아이들이 있습니다. 소수의 십진기수법을 충분히 익혔다고 생각했는데 여전히 헷갈리나 봅니다.

수의 순서를 알려주려고 그저 소수를 나열하게만 하면 금세 지루해합니다. 이런 아이들과 '소수 넘브릭스'를 해보세요. 퍼즐이라고 하니 수업이라고 생각하지 않고 푹 빠져 활동합니다. 짝과 서로 번갈아 가며 한 칸 한 칸 채워나갑니다. 0.9 다음에는 1이 온다는 것을, 1 다음에는 1.1이 온다는 것을 덤으로 배워나가지요. 길을 잘못 들어 막다른 곳에 놓이면 다시 출발점으로 돌아가 새로운 도전을 하면 됩니다.

　수학에 별다른 흥미를 보이지 않던 아이도 이런저런 시행착오를 겪느라 종이가 시꺼메져 있습니다. 여러 번 헤매다가 종점에 도달한 아이는 "선생님, 저 다했어요! 제 거도 좀 봐주세요." 하고 두 눈을 반짝이며 저의 대답을 기다립니다.

　수의 순서를 찾아가는 재미있는 길 찾기 놀이, 소수 넘브릭스로 즐겨보면 어떨까요?

□ 적용 학년

－1학년: 1~50까지의 수

－3학년: 분수와 소수

□ 놀이 형태: 짝 활동(2인 1조)

□ 준비물: 활동지(2인 1조만큼)

만들기용

소수

자연수

□ 놀이 방법

〈기본 규칙〉

- 0.1부터 마지막 수까지 한 칸에 소수 하나씩 넣는다.

- 모든 수들은 가로 또는 세로로 0.1부터 차례대로 연속적으로 연결되어

  야 한다. 대각선은 인정하지 않는다.

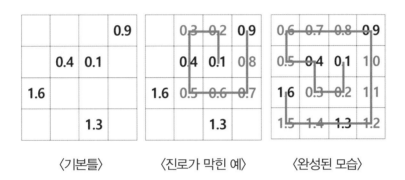

〈기본틀〉   〈진로가 막힌 예〉   〈완성된 모습〉

① [준비하기] 교사는 2인 1조로 활동지를 나누어 준다.

② 아이들은 활동지의 빈칸에 짝과 번갈아 가며 소수 하나씩을 써 넣는다.

③ 가다가 진로가 막히면 다시 의논해서 길을 찾는다. 마지막 수까지

  끊어지지 않고 연결되면 놀이는 끝이 난다.

④ 빈칸에 소수 넘브릭스 놀이를 짝과 함께 만들어보고 다른 팀과 바꾸어 문제

  를 해결해 본다.

넘브릭스 : 정사각형, 직사각형의 칸 안에 1부터 차례대로 숫자를 채워넣는 퍼즐

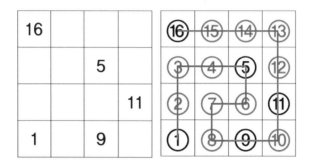

이 놀이는 연속되는 수의 계열이 잘 드러나는 넘브릭스의 특징을 살려 소수의 계열을 알아볼 수 있도록 소수 넘브릭스로 구성되었습니다. 자연수의 계열이 0 부터 시작해서 1, 2, 3…10, 11로 나아가는 것처럼 소수의 계열도 0에서 시작에서 0.1, 0.2…0.9, 1.0, 1.1로 나아간다는 것을 익힐 수 있습니다.

아이들은 남아 있는 빈칸에 짝과 번갈아 소수를 써 나가며 수의 순서를 배웁니다. 주어진 수와 내가 쓸 수와의 관계를 잘 관찰하지 않으면 진로가 막힐 수도 있습니다. 이렇게 표 안에서 가로 세로 중 어느 방향으로 가야 할지 고민하는 요소가 재미를 더합니다. 이미 주어진 수들과의 관계를 잘 관찰하며 사고력도 함께 기

르게 됩니다.

 아이들이 만들어 보게 하는 과정이 들어가면 더욱 좋습니다. 만드는 과정에서 한 번 더 수의 계열을 고민하게 되고 좀 더 재미있는 진로가 없는지 궁리하면서 사고력을 키우게 됩니다. 서로 만든 넘브릭스를 바꾸어 풀어보면서 다양한 형태의 놀이를 반복할 수 있는 기회도 얻게 됩니다.

〈아이들이 만든 소수 넘브릭스 퍼즐〉

	1.2		
		0.8	
		0.3	
1.6			0.1

		0.5	
0.3			8
1.6	0.1	1	

1.5	0.2	💩	
	0.1		
		0.6	
	1.1		

			0.13
0.09		0.01	
		0.05	0.16

💩	0.24			
	0.01		0.13	
	0.04		0.19	

			0.2	2.3
0.8			0.1	
		1.4	💩	
		💩		

0.01				
				0.06
				0.19
	0.12			

〈분수〉

가분수가 아닌 진분수와 대분수의 형태로 나타내는 것이 분수에서의 수의 계열을 익히는 데 도움이 됩니다.

	$\frac{1}{7}$		
1		$\frac{3}{7}$	2

$1\frac{2}{7}$	$1\frac{3}{7}$	$1\frac{4}{7}$	$1\frac{5}{7}$
$1\frac{1}{7}$	$\frac{1}{7}$	$\frac{2}{7}$	$1\frac{6}{7}$
1	$\frac{4}{7}$	$\frac{3}{7}$	2
$\frac{6}{7}$	$\frac{5}{7}$	$2\frac{2}{7}$	$2\frac{1}{7}$

□ 수업의 팁

- 활동을 시작할 때 하나의 예시를 화면에 띄워 두고 학급 전체와 함께 해결해보면 아이들이 더 쉽게 규칙을 이해할 수 있습니다.

- 놀이판의 형태는 꼭 정사각형이 아니라도 됩니다. 함정(똥, 폭탄 등)을 추가하거나 노출되는 정보(소수)의 개수를 조절하여 난이도를 조절할 수도 있습니다. 도전의식이 큰 아이라면 칸의 개수를 늘려 좀 더 넓은 판을 제공해주는 것도 좋습니다.

0.1			1.2	
	0.9	1.5		
			2.0	
0.5	0.6		2.5	

0.9				
			2.5	
		0.1	0.2	
			1.9	
	1.4			

〈함정을 피해 소수 연결하기〉

					0.42
	0.35				
			0.5		
	0.63				0.55
0.26	(그림)				0.76
	0.67				
		0.15			
0.21					
		0.05		0.01	

	0.53				0.07
0.48		0.61			
			0.01		
	0.4			0.79	
	0.34	(그림)		0.16	
			(그림)		
				0.23	

[다섯 자리 수] 내 등에 붙은 수는 몇일까?

#복면수왕 #추리 #효율적인질문 #자릿값 #위치적기수법

천국과 지옥 이야기를 들어 보셨나요?

맛있는 음식이 차려진 식탁에서 긴 숟가락으로 음식을 먹기 위해 애를 쓰지요. 지옥에 있는 사람들은 자기 입으로만, 천국에 있는 사람들은 서로의 입으로. 도움을 주고받는 것의 소중함을 말하고자 하는 것 같습니다. 서로 도움을 주고받는 것이 놀이의 핵심이 되는 등에 붙은 수 맞히기. 아이들은 이 놀이의 과정에서 친구에게 끊임없이 질문하고 그 대답을 바탕으로 자신의 등에 붙어 있는 수를 유추합니다.

내가 볼 수 없는 수를 알아내기 위해서는 좋은 질문과 더불어 정확하게 답을 해 주는 친구의 도움이 꼭 필요하지요.

다섯 자리 수를 알아내려면 최소 5번은 질문을 해야 합니다. 이런 경우는 아주 운이 좋은 경우지요. 그렇지 않다면 부지런히 발품을 팔아야 합니다. 20번, 30번 질문을 해야 알아맞힐 수도 있기 때문입니다.

발품을 덜 팔고 싶다면 어떤 전략을 사용해야 할까요? 수를 알아내기 위해 할 수 있는 것은 오직 질문뿐입니다. 그러면 질문을 어떻게 해야 할까요?

여기서도 친구의 도움은 통합니다. 활동 중에 만났던 친구에 들은 좋았던 질문을 응용하면 되니까요. 좋은 질문과 고마운 대답. 서로에게 도움이 되는 긴 숟가락이면 족하지 않을까요?

□ 적용 학년

– 1학년: 두 자리 수의 자릿값과 위치적 기수법

– 2학년: 세 자리 수 · 네 자리 수의 자릿값과 위치적 기수법

– 3학년: 소수의 자릿값과 위치적 기수법/ 대분수의 형식

– **4학년: 다섯 자리 이상의 수의 자릿값과 위치적 기수법**

– 5학년: 수의 범위(이상, 이하, 초과, 미만)

□ 놀이 형태: 전체 활동

□ 준비물: 포스트잇(학급 인원만큼), 스카치테이프

□ 놀이방법

① [준비하기] 교사는 포스트잇을 모든 아이들에게 나누어 준다.

② 아이들은 포스트잇에 내가 정한 다섯 자리 수를 쓴다.

③ 짝이 보지 못하도록 짝의 등에 다섯 자리 수가 적힌 포스트잇을 붙인다.

④ 짝과 서로 등에 붙은 다섯 자리 수가 무엇인지 알아낼 수 있는 질문을 한다.

이때 상대방이 "네." 또는 "아니오."로 답할 수 있도록 질문해야 한다.

⑤ 서로 한 번씩 질문과 답을 주고받으면 다른 짝을 만나 위의 활동을 반복한다.

모두 등에 붙은 다섯 자리 수를 찾을 때까지 계속한다.

⑥ 자신의 등에 붙은 수가 예상되는 경우에는 그 다음번에 만난 짝에게 확인하

는 질문을 한다. 맞힌 경우 포스트잇을 가슴에 붙이고, 놀이가 끝나지 않은

친구의 질문에 답을 하며 활동을 이어나간다.

예) "내 등에 붙은 수가 27234입니까?" "네."

⑦ 모든 아이가 자신의 수를 알아내면 놀이가 끝나며 수를 알아낸 방법을 공유

한다.

아이들은 자신의 등에 붙은 수를 알아내기 위해 어떤 질문을 하는 것이 좋을지 생각합니다. 짝과 질문을 주고받으며 나의 수를 알아내는 것과 동시에 짝이 수를 알아낼 수 있도록 도움을 주는 것이지요.

'일의 자리가 5인가요?'라고 자릿값을 하나하나 묻는 것보다 '일의 자리가 5보다 큰가요?'라고 묻는 것이 더 효율적입니다. 이 질문에 만약 '아니오.'라는 대답을 받는다면 일의 자리 수가 5와 같거나 작음을 알게 되는 것입니다. 이것을 인지한후 질문을 또 어떻게 이어갈지 생각하게 됩니다. 그러나 아직 이상, 이하, 초과, 미만이라는 수의 범위를 배우지 못한 4학년은 '5보다 큰가요?', '5보다 작은가요?'라고 질문할 때 5가 포함이 된다고 생각하는 경향이 있습니다. 놀이를 하던 중에 아이들이 헷갈려 한다면 '5보다 큰가요?', '5보다 작은가요?'에서는 5가 포함되지 않음을 잠깐 알려주어도 됩니다. '내가 가진 숫자가 모두 다른가요?', '내가 가진 다섯 자리 수 중에 5가 있나요?', '같은 숫자가 있나요?'처럼 범위를 좁혀가며 다섯 자리 수의 구성을 묻는 질문도 효율적입니다. 아이들은 질문을 주고받는 과정에서 위와 같이 효율적인 질문을 선택하는 전략수정을 하게 됩니다.

등에 붙일 수를 교사가 미리 준비해도 좋고 아이들이 하나씩 적어 친구의 등에 붙여 줄 수도 있습니다. 아이들이 직접 수를 만들어 활동하면 친구가 그 수를 알아내는지 더 궁금해하고 맞히면 좋겠다는 긍정적인 에너지도 전달하게 되지요.

자연수의 위치적 기수법과 자릿값을 알고 자연스럽게 읽고 쓰기 위해서는 수학 언어를 자신의 입으로 말하는 것이 중요합니다. 아이들은 자신의 수를 알아내기 위해 질문을 하면서 만의 자리, 천의 자리, 백의 자리, 십의 자리, 일의 자리 등의 수학 언어를 반복하여 사용할 기회가 많아지지요. 놀이가 끝난 후 자신의 수를 찾는 데 도움이 되는 질문이 무엇이었는지, 나의 전략이 어떻게 수정되었는지 공유합니다.

□ 이렇게도 할 수 있어요

〈대분수〉

'자연수가 7보다 큰가요?', '분모가 5보다 큰가요?', '분자가 5보다 작은가요?'라고 질문할 수 있습니다. 대분수는 분모보다 분자가 작을 수밖에 없습니다. 그러므로 분모의 크기를 먼저 알게 되면 분자의 크기는 범위가 좁아지므로 더 효율적으로 질문할 수 있다는 것을 알아챕니다. '$3\frac{2}{5}$ 보다 큰가요?'라는 질문을 하게 되면 3학년 수준에서 답하기는 어려우나 5학년이라면 통분을 사용하여 충분히 답을 해 줄 수 있습니다.

〈소수〉

소수에서는 "자연수가 5보다 큰가요?", "소수 첫째 자리 수는 5보다 큰가요?"

등 소수 첫째자리, 소수 둘째자리, 소수 셋째자리 등의 소수의 위치적 기수법과 자릿값을 알아보는 활동으로도 활용할 수 있습니다.

〈수의 범위〉

이상, 이하, 초과, 미만을 반복해서 사용하며 수의 범위를 나타내는 말을 사용하여 등 뒤의 수를 맞힐 수 있습니다. 아이들이 놀이 후 가장 좋았다고 말한 전략은 '5 이상인가요? 5 미만인가요? 5 이하인가요? 6 초과인가요?'와 같이 수의 범위를 좁히는 질문을 먼저 하는 것이라고 합니다. 5 이상이라면 0~4까지 수가 나올 수 있는 질문은 하지 않아도 되기 때문이지요.

□ 수업의 팁

- 거울에 아이들의 등에 붙여진 포스트잇이 비칠 수 있으므로 미리 가려두고 시작합니다. 수 카드는 등 이외에도 이마에 붙일 수도 있고 저학년의 경우 역할놀이 머리띠를 활용해도 좋습니다.

[소수] 누구랑 누구랑 짝꿍일까?

#추리하는재미 #논리적사고 #약수

　논리적으로 생각하기는 일상생활의 문제를 해결하고 합리적인 결정을 내리는 데 도움을 줍니다. 아이들은 처음부터 문제를 논리적으로 해결하지는 않습니다. 막무가내로 달려들거나 해결하기 어렵다 싶으면 쉽게 포기하기도 합니다. 하지만 '숨겨진 짝꿍 수 찾기'는 아이가 포기할 만큼 어려워 보이지 않습니다. 꽤 만만해 보이기도 합니다. 카드 10개만 잘 배열하면 되고 다시 도전하는 과정이 어렵지 않기 때문에 계속 해결해보고 싶은 마음이 듭니다.

　처음에 한 두 번은 눈에 띄는 순서대로 카드를 한 쌍씩 놓아보기 시작합니다. 하지만 곧 그렇게는 문제를 해결할 수 없음을 깨닫게 됩니다. 어느 순간부터 아이들은 좀 더 논리적으로 생각할 필요성을 느끼기 시작합니다. 나름의 기준을 정하고 뒷받침할 만한 증거도 찾아냅니다. 이 과정에서 처음 생각을 바꾸기도 하며 더욱 합리적인 결정에 다가갑니다.

　로봇이나 컴퓨터의 명령 방식은 참이냐 거짓이냐 하는 2진법에 근거합니다. 0과 1의 수많은 조합이 인공지능까지 이어지지요. 그렇다고 모든 것을 논리로 따질 수는 없습니다. 세상은 논리로만 이루어지지 않으니까요. 하지만 논리는 자신의 실수를 바로잡아주고 나만의 뚜렷한 철학을 가지며 살아갈 힘을 길러줍니다.

　숨겨진 짝꿍 수를 논리적으로 생각하며 찾아볼까요?

□ 적용 학년

– 1학년: 자연수의 덧셈과 뺄셈

– 2학년: 곱셈구구

– 4학년: 소수의 덧셈과 뺄셈

– 5학년: 약수

□ 놀이 형태: 모둠 활동(4인 1조)

□ 준비물: 0~0.9까지 숫자카드(모둠 수만큼), 활동지(모둠 수만큼)

| 분수 | 소수 | 소수 만들기 | 자연수 |

□ 놀이 방법

① [준비하기] 교사는 숫자카드 10장 중에서 2장씩 모아 봉투 안에 넣고 봉투겉면에 두 숫자의 합을 쓴다.(문제를 PPT 화면에 띄워 제시할 수도 있고 QR코드에서 제공되는 활동지도 활용 가능함)

② 봉투 안에 들어갈 수 있는 수의 조합을 모둠 친구들과 함께 의논한다.

③ 예상되는 수를 모두 찾았다면 봉투에서 카드를 꺼내 보고 추측한 수와 맞는지 확인해 본다.

④ ①번 활동을 모둠 친구들과 직접 만들어보고 다른 모둠과 문제를 교환하여
풀어본다.

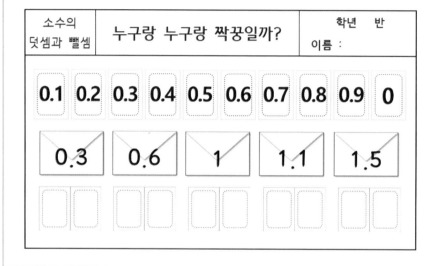

소수의 덧셈과 뺄셈	누구랑 누구랑 짝꿍일까?	학년 반 이름 :

| 0.1 | 0.2 | 0.3 | 0.4 | 0.5 | 0.6 | 0.7 | 0.8 | 0.9 | 0 |

| 0.3 | 0.6 | 1 | 1.1 | 1.5 |

'숨겨진 짝꿍 수 찾기'는 2장의 수 카드를 더하거나 곱해 나온 결과 값을 보고 두
수를 논리적으로 예측해보는 놀이입니다. 자연수, 소수, 분수인가에 따라 다양한
학년에 적용이 가능합니다.

두 수를 찾는 과정에서 틀린 조합이 주는 정보를 얼마나 논리적으로 잘 배열하
느냐에 따라 목표에 도달할 수 있는 놀이입니다.

아이들은 처음에 한두 번은 조합이 가능한 수를 이리저리 놓아봅니다. 하지만 먼저 사용된 카드로 인해 더할 카드가 부족한 일이 거듭됩니다. 그때부터 아이들은 더해지는 두 수의 경우를 찾아서 적어보기도 하고 조건에 맞지 않는 카드는 바꾸어 보기도 하며 문제를 해결해 나갑니다. 마구잡이로 시도하지 않고 차례대로 해결하는 방법을 찾기 시작한 것입니다.

이 문제는 소수로 구성하였기 때문에 아이들이 받아올림과 받아내림이 있는 소수 한 자리 수의 계산원리를 잘 이해하고 있는지도 파악할 수 있습니다. 아이들은 계속해서 수를 가르고 모아보면서 소수의 덧셈과 뺄셈을 반복 연습하게 됩니다.

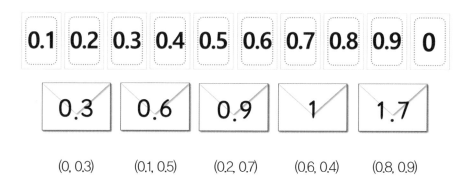

| (0, 0.3) | (0.1, 0.5) | (0.2, 0.7) | (0.6, 0.4) | (0.8, 0.9) |

위와 같은 문제라면 더해지는 두 수를 찾는 과정에서 1.7이 되는 카드는 0.8/0.9밖에 없다는 정보를 얻게 됩니다. 이 정보는 문제를 해결하는 중요한 실마리입니다. 아이들은 0.8과 0.9가 들어가는 덧셈을 시워가며 차근차근 문제를 다시 해결해 나갑니다.

문제는 교사가 내어도 되고 아이들이 만들어도 됩니다. 카드를 2개씩 묶으면 되기 때문에 문제를 내기도 별로 어렵지 않습니다. 전략이 있는 아이들은 좀 더 곤란한 경우의 수를 찾아내기도 합니다.

□ 이렇게도 할 수 있어요

〈한 자리 수 덧셈과 뺄셈 : 보수 찾기〉

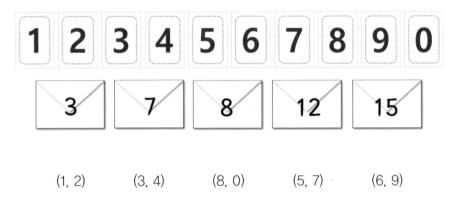

(1, 2)   (3, 4)   (8, 0)   (5, 7)   (6, 9)

〈한 자리 수 덧셈과 뺄셈〉

+는 두 수를 더해서, −는 두 수를 빼서 나오는 수

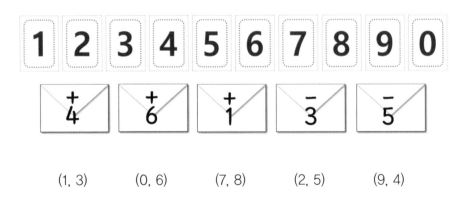

(1, 3)   (0, 6)   (7, 8)   (2, 5)   (9, 4)

〈곱셈구구, 약수〉

단순하게 보면 곱셈 문제인 것 같지만 예측에 사용된 카드들을 보면 공통점이 있습니다. 곱한 수의 약수이지요. 2학년은 곱셈구구를 통해, 5학년 아이들이라면 주어진 수의 약수를 찾는 전략을 통해 문제를 해결해 나갑니다.

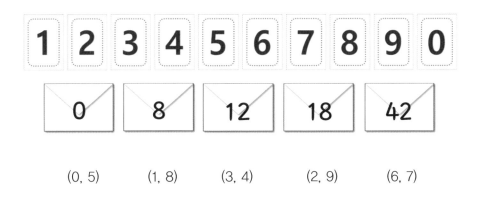

〈분수의 덧셈과 뺄셈〉

숫자 카드에 0을 포함한 예

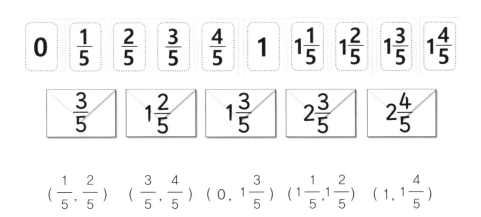

$\frac{1}{5}$~2까지 분수를 제시한 예

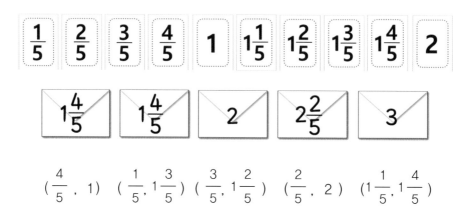

$(\frac{4}{5}$, 1) $(\frac{1}{5}, 1\frac{3}{5})$ $(\frac{3}{5}, 1\frac{2}{5})$ $(\frac{2}{5}$, 2) $(1\frac{1}{5}, 1\frac{4}{5})$

□ 수업의 팁

- 모둠 활동으로 안내하였지만 교사가 문제를 칠판에 제시해 주고 전체 아이들과 함께 해결해나가도 좋습니다. 첫 문제는 교사와 함께 해결하며 문제해결방법을 익히고 두 번째 문제나 문제 만들기는 모둠과 해결하면 이해가 느린 아이들에게는 큰 도움이 됩니다.

- 저학년인 경우, 팀별로 카드 2벌을 준비해주는 것이 좋습니다. 1벌은 문제를 만드는 용, 나머지 한 벌은 아이들이 직접 놓아가면서 답을 찾는 데 사용하게 합니다.

[혼합계산] 색깔에 따라 전략을 바꿔라

#마음대로수놓기 #(　)의 필요성 #어림하기

곱셈, 나눗셈을 어려워하는 아이가 있습니다. 어떻게 해야 할까요?

곱셈, 나눗셈 문제를 반복해서 연습해야 합니다. 하지만 곱셉과 나눗셈을 어려워하는 이유가 곱셈구구를 모르기 때문이라면 이 아이는 곱셈구구를 먼저 익히고 나서 문제를 푸는 연습을 해야 합니다. 이렇게 문제를 해결할 때는 하나만 고려하면 되는 경우가 있고 여러 가지를 복합적으로 생각해야 해결되는 경우도 있습니다. 우리의 인생도 마찬가지입니다. 어린 시절 겪는 문제는 단순하지만 어른이 될수록 복잡해지는 경우가 많습니다. 한 문제를 해결하기 위해 여러 가지를 함께 고려하기 때문이지요.

우리가 배우는 수학도 학년이 올라갈수록 문제가 복잡해집니다. 저학년 때는 하나의 식만으로도 문제를 해결할 수 있었지만 학년이 올라갈수록 하나의 식으로 문제를 해결하기는 어려운 경우가 많습니다. 육면체 주사위 4개를 던져 나온 수로 카드의 색에 맞게 나올 수를 예상하여 식을 만드는 놀이를 해 보려 합니다. 연산 기호를 한 종류만 사용하여 식을 만들 수도 있고 +, −, ×, ÷ 4종류를 사용하여 만들 수도 있습니다. (　)까지 사용해야 할 수도 있습니다. 몇 단계의 식을 모아 하나의 식으로 만들기 위해서이지요. 같은 숫자 가지고도 어떤 연산 기호를 사용하여 어떤 순서대로 계산하느냐에 따라 큰 수 또는 작은 수를 만들 수 있습니다. 나 스스로 수의 크기를 조절할 수 있다는 것은 수에 대한 감각을 가진다는 뜻입니다. 수 감각은 수학적 힘을 기르는 데 아주 중요하며 우리가 수학을 공부하는 이유이기도 합니다.

□ 적용 학년

– 3학년: 곱셈

– 5학년: 자연수의 사칙 혼합계산

□ 놀이 형태: 모둠 활동(4인 1조)

□ 준비물: 색 카드(색 카드는 색마분지나 색지 사용 또는 활동자료 사용) 세트로 노란색, 파란색, 빨간색 각각 8장씩 총 24장(모둠 수만큼), 육면체 주사위(모둠 수×4만큼), 활동지(학급 인원만큼)

□ 놀이방법

① [준비하기] 교사는 비어 있는 색 카드 세트 (24장)를 각 모둠에 나누어 준다.

② 모둠원들은 노란색 카드에는 한 자리 수, 파란색 카드에는 두 자리 수, 빨간

색 카드에는 세 자리 수를 각각 2개씩 쓴다.

예) 6   38   562

③ 카드 24장을 모두 모아 골고루 섞어 숫자가 보이지 않도록 쌓아 놓는다.

④ 모둠원 4명은 주사위를 각각 1개씩 가지고 동시에 던진다.

⑤ 뒤집을 수 카드의 색을 보면서 수의 크기를 예상하여 식을 만들고 계산한다.

– 노란색은 한 자리 수, 파란색은 두 자리 수, 빨간색은 세 자리 수 카드이다.

– 연산기호는 2회 이상 사용하고 4개의 수를 골라 두 자리 수로 만들어 계산할

수 있다.

나온 주사위 수: 3, 5, 6, 5

뒤집을 수 카드 색깔: 노란색

⑥ 모둠원이 모두 계산이 끝나면 돌아가며 수 카드를 뒤집는다.

이제 노란색 수 카드를 뒤집어 보니 6

⑦ 서로 만든 식과 왜 이렇게 식을 만들었는지 이야기를 주고받는다.

⑧ 뒤집은 수 카드에 더 가까운 결과가 어느 것인지 확인한다.

⑨ ④~⑧을 반복한다.

□ 놀이로 배움을 만들어요

주사위를 던져 나온 4개의 수와 두 개 이상의 연산 기호를 이용하여 만들 수 있는 식은 다양합니다. 육면체 주사위는 1~6까지의 수가 적혀 있으므로 1~1296 사이의 수를 만들 수 있습니다. 뒤집을 색깔 카드에 적힌 수의 크기를 예상하며 4개의 수를 이용하여 식을 만들어보는 활동입니다.

카드가 뒤집어져 있기 때문에 정확한 수는 알 수 없지만 노란색에는 1~9까지의 수가, 파란색에는 두 자리 수가, 빨간색에는 세 자리 수가 적혀 있으므로 수를 짐작해 볼 수는 있습니다.

카드를 먼저 뒤집어 수를 본 후 식을 만들기보다는 수를 먼저 만들고 난 후 색 카드를 뒤집으면 우연의 요소가 포함되어 놀이가 더 흥미로워집니다. 일의 자리 수처럼 작은 수를 만들기 위해서는 뺄셈, 나눗셈을 사용할 기회가 많아지고 큰 수를 만들기 위해서는 덧셈과 곱셈을 사용할 기회가 많아지겠지요. 모둠 친구들이 만든 식을 공유해 보면 연산 기호의 종류를 하나만 사용하지 않고 여러 개를 혼합하여 사용하려는 의지가 높아집니다.

( )도 사용하여 뭔가 특별한 수를 만들어내려고도 노력합니다. 카드 색의 범위에 들어 있는 다양한 수를 만들고 연산 기호와 계산 순서에 따라 수의 크기를 조절할 수 있음을 알게 되는 것이지요. 또한 카드의 수는 모둠 아이들이 직접 적은 수이기 때문에 카드 색을 보고 자신이 쓴 수가 나올 수도 있으므로 예상하여 식을 만들 때 도움이 됩니다.

□ 이렇게도 할 수 있어요

〈곱셈〉

(두 자리 수)×(한 자리 수), (세 자리 수)×(한 자리 수), (두 자리 수)×(두 자리 수)를 할 경우에는 주사위 4개를 굴려 나온 수 중 2~3개를 먼저 더한 후 곱하거나 숫자에 자릿값을 부여하여 배열한 후 곱해도 됩니다. 이 경우 연산 기호는 곱하기만 사용한다는 규칙을 안내하면 됩니다.

예를 들어 3, 5, 6, 5가 나올 경우 (두 자리 수)×(한 자리 수)로 계산할 때는 3+5+6=14이므로 14×5로 계산합니다. (세 자리 수)×(한 자리 수)로 계산할 때는 356×5로, (두 자리 수)×(두 자리 수)로 계산할 때는 35×65로 계산합니다. 어떤 방법을 사용하든지 뒤집은 수 카드에 나온 수에 가깝게 만들면 됩니다.

- 만약 사칙연산 순서에 대한 배움을 주고 싶다면 한 자리 수를 적은 색 카드 양을 늘리면 되므로 카드의 양도 조절이 가능합니다.

- 아이들이 (   )를 자주 사용할 수 있는 분위기를 조성해 보는 것도 좋습니다.

- 수를 연필로 쓰면 색깔 카드를 재활용할 수 있습니다.

- '0'이 포함되어 있는 팔면체나 또는 십면체 주사위를 사용하면 더 흥미롭습니다.

[약수] 약수 명탐정

#찾는재미 #추리 #공약수 #공배수

마트에서 묶어서 파는 물건들을 유심히 살펴 본 적이 있나요?

8개, 12개, 24개씩 묶은 경우가 많습니다. 왜 이렇게 묶어 놓았을까요?

10개 묶음은 5인 가족이나 2인 가족만 나누어 쓰기 좋지만 12개 묶음은 2인, 4인, 6인 가족도 나누어 쓸 수 있습니다. 묶어서 파는 물건(초*파이, 카*타드 등)들을 보면 이렇게 '약수의 개수'가 많은 수로 구성되어 있지요.

초콜릿 과자를 사려고 합니다. 한 상자에 들어 있는 초콜릿 수가 다릅니다. 12개가 들어 있는 초콜릿 과자, 14개가 들어 있는 초콜릿 과자 중 무엇을 선택하고 싶은가요? 여러 명이 공평하게 나눠 먹으려면 12개가 들어 있는 과자가 더 좋겠습니다. 2명이든, 3명이든, 4명이든 누구 하나 속상해하지 않고 똑같이 나누어 먹을 수 있으니까요.

약수에는 우리가 추구하는 나눔의 가치가 들어 있습니다. 과자를 나누어 먹으

면서 어떤 수를 더 작은 수로 공평하게 나누는 방법을 고민하는 것이지요.

'약수의 개수'가 적은 수로 구성한 것도 있습니다. 소주는 소주잔에 가득 따랐을 때 7잔이 나온다고 합니다. 7은 1과 7만 약수입니다. 2명, 3명, 4명이 만난 어떤 모임에도 나눠 마시기에는 어렵겠지요. 한 병을 더 시키라고 이렇게 만들었다는 속설이 있는데 믿거나 말거나~

약수는 어떤 물건을 똑같이 나누어 가지거나 나누어 담기 쉽게 합니다. 나눔을 잘 실천할 수 있는 방법을 알려주는 수인 것이지요.

약수와 배수는 곱셈과 나눗셈을 바탕으로 약분과 통분, 분모가 다른 분수의 덧셈과 뺄셈에 직접적으로 연결되며 중학교 다항식의 약수와 배수를 익히는 데 기초가 됩니다. 약수와 배수는 많이 연습하고 익혀야 하는 과정임에도 곱셈식, 나눗셈식의 계산 알고리즘으로만 기억하는 것은 안타까운 일입니다.

숨겨진 수를 약수로 찾는 놀이로 약수와 배수를 쉽게 이해할 수 있도록 해보면 어떨까요?

□ 적용 학년

− 5학년: 약수와 배수

□ 놀이 형태: 전체 활동

□ 준비물: 활동지(학급 인원만큼)

① [준비하기] 교사는 활동지의 표를 크게 확대 복사하여 칠판에 붙이고 활동지를 한 장씩 나누어 준다.

1	2	3	4	5	6	7
8	9	10	11	12	13	14
15	16	17	18	19	20	21
22	23	24	25	26	27	28
29	30	31	32	33	34	35
36	37	38	39	40	41	42

숨겨진 약수 개수: 8개

② 아이들은 한 사람씩 돌아가며 번호 중 하나씩 말한다. 교사는 그 번호의 수가 숨겨진 수의 약수이면 빨간색 동그라미를, 약수가 아니면 노란색 동그라미를 그려준다.

1	②	③	4	5	6	⑦
⑧	9	⑩	11	12	13	14
15	16	17	⑱	19	⑳	21
22	23	24	25	26	27	28
29	30	31	32	33	34	35
36	37	38	39	40	41	42

③ 42개의 숨겨진 수 중에서 8개 정도 열었을 때 아이들은 숨겨진 수를 짝과 함께 유추하여 활동지에 적는다. 짝과 같은 의견일 수도 있고 아닐 수도 있다.

④ 숨겨진 수가 무엇인지 어떻게 유추하였는지 2~3명 정도 발표하고 숨겨진 수를 공개한다.

⑤ 활동지에 있는 4개의 문제를 모두 풀 때까지 ②~④ 과정을 반복한다.

'약수 명탐정'에서는 약수의 개수를 함께 제시해야 합니다. 아이들에게 활동지를 나누어 주며 한 문제씩 함께 해결해 나갑니다.

◆ 약수를 보고 숨겨진 수를 찾아보세요.

【1】숨겨진 수의 약수 개수 : 6개	【2】숨겨진 수의 약수 개수 : 8개
<table><tr><td>1</td><td>2</td><td>3</td><td>4</td><td>5</td><td>6</td><td>7</td></tr><tr><td>8</td><td>9</td><td>10</td><td>11</td><td>12</td><td>13</td><td>14</td></tr><tr><td>15</td><td>16</td><td>17</td><td>18</td><td>19</td><td>20</td><td>21</td></tr><tr><td>22</td><td>23</td><td>24</td><td>25</td><td>26</td><td>27</td><td>28</td></tr><tr><td>29</td><td>30</td><td>31</td><td>32</td><td>33</td><td>34</td><td>35</td></tr><tr><td>36</td><td>37</td><td>38</td><td>39</td><td>40</td><td>41</td><td>42</td></tr></table>	<table><tr><td>1</td><td>2</td><td>3</td><td>4</td><td>5</td><td>6</td><td>7</td></tr><tr><td>8</td><td>9</td><td>10</td><td>11</td><td>12</td><td>13</td><td>14</td></tr><tr><td>15</td><td>16</td><td>17</td><td>18</td><td>19</td><td>20</td><td>21</td></tr><tr><td>22</td><td>23</td><td>24</td><td>25</td><td>26</td><td>27</td><td>28</td></tr><tr><td>29</td><td>30</td><td>31</td><td>32</td><td>33</td><td>34</td><td>35</td></tr><tr><td>36</td><td>37</td><td>38</td><td>39</td><td>40</td><td>41</td><td>42</td></tr></table>
찾은 약수: 예상한 숨겨진 수:	찾은 약수: 예상한 숨겨진 수:

아이들은 한 사람씩 돌아가며 열고 싶은 번호를 부릅니다. 아이들이 차례대로 부른 1, 2, 3, 6에 교사가 모두 빨간색 동그라미를 하자 아이들은 탄성을 지릅니다. 숨겨진 약수가 6개라고 했기 때문에 숨겨진 수가 대부분 12라고 예상했습니다. 다음 차례의 아이가 자신 있게 12를 부릅니다.

숨겨진 수의 약수 개수 : 6개

(1)	(2)	(3)	4	5	(6)	7
8	9	10	11	12	13	14
15	16	17	18	19	20	21
22	23	24	25	26	27	28
29	30	31	32	33	34	35
36	37	38	39	40	41	42

12에 노란색 동그라미를 하자 웅성거립니다. 예상이 빗나간 것입니다. 아이들은 이제 숨겨진 수가 12가 아니면 무엇인지 찬찬히 살펴보기 시작합니다.

숨겨진 수의 약수 개수 : 6개

(1)	(2)	(3)	4	5	(6)	7
8	9	10	11	(12)	13	14
15	16	17	18	19	20	21
22	23	24	25	26	27	28
29	30	31	32	33	34	35
36	37	38	39	40	41	42

다음 아이가 16, 24를 불렀고 다시 노란색 동그라미를 했습니다.

숨겨진 수의 약수 개수 : 6개

1	2	3	4	5	6	7
8	9	10	11	12	13	14
15	16	17	18	19	20	21
22	23	24	25	26	27	28
29	30	31	32	33	34	35
36	37	38	39	40	41	42

약수의 개수가 6개이면서 1, 2, 3, 6이 약수이고 12, 16, 24는 숨겨진 수의 약수가 아닙니다. 이를 종합하여 18을 예상하였습니다. 12가 아님을 알고 16이 아니라 9가 열렸다면 18을 더 쉽게 찾았을 것입니다.

숨겨진 수를 찾고 나면 어떻게 예상했고 어떻게 확신하게 되었는지 그 이유를 발표합니다. 또 예상한 수를 바꾸게 된 경우 어떤 이유로 다른 수라고 생각하게 되었는지 나눕니다. 그 과정에서 배움이 가장 활발하게 일어납니다.

1은 모든 수의 약수임에도 꼭 1을 부르는 아이가 있습니다. 약수로 숨겨진 수를 예상하기 위해 아이들이 가장 선호하는 수는 2, 3, 5였습니다. 2가 약수인지 아닌지에 따라 주어진 수가 짝수인지 홀수인지를 구분하는 전략을 활용했습니다. 다음으로 3인지 5인지가 숨겨진 수를 유추하는 데 중요한 단서라고 생각합니다.

약수의 개수가 2개인 수를 찾는 문제도 재미있습니다. 17을 숨겨두면 아이들이 많은 시행착오로 17을 찾아냅니다. 이런 놀이를 통해 아이들은 소수에 대해서도 관심을 가지게 됩니다.

숨겨진 수의 약수 개수 : 2개

①	2	3	4	5	6	7
8	9	10	11	12	13	14
15	16	⑰	18	19	20	21
22	23	24	25	26	27	28
29	30	31	32	33	34	35
36	37	38	39	40	41	42

□ 이렇게도 할 수 있어요

〈공약수〉

공약수로 숨겨진 두 수 찾기도 가능합니다. 하나의 수에 약수이면 파란색을 공약수이면 빨간색을 두 수의 약수가 아닐 경우 노란색 동그라미를 해줍니다. 숨겨진 수가 8과 12라면 공약수인 1, 2, 4는 빨간색을, 하나의 수에 약수인 3, 6, 8, 12는 파란색 동그라미를 합니다. 두 수의 약수가 아닌 5와 15는 노란색 동그라미를 합니다.

1	2	3	4	5	6	7
8	9	10	11	12	13	14
15	16	17	18	19	20	21
22	23	24	25	26	27	28
29	30	31	32	33	34	35
36	37	38	39	40	41	42

숨겨진 두 수: 8, 12

〈공배수〉

공배수로 숨겨진 두 수 찾기에서는 하나의 수에 배수이면 파란색을, 공배수이면 빨간색을, 두 수의 배수가 아닐 경우 노란색으로 표시합니다. 4, 5, 8, 10, 25가 파란색이고 20, 40이 빨간색으로 나왔다면 곱하여 20이 되는 두 수로 4, 5를 예상할 수 있습니다.

1	2	3	4	5	6	7
8	9	10	11	12	13	14
15	16	17	18	19	20	21
22	23	24	25	26	27	28
29	30	31	32	33	34	35
36	37	38	39	40	41	42

숨겨진 두 수: 4, 5

– 아이들이 활용하기에 알맞은 수의 범위를 적절히 선택하여 개념을 쉽게 이해

할 수 있도록 해야 합니다. 약수로 해당되는 수만이 아니라 약수가 아니라는

수도 표시해 두어야 숨겨진 수를 더 잘 찾을 수 있습니다.

[분수의 덧셈과 뺄셈] 피자 한 판 만들기

#모으는재미 #다양한전략 #협력과소통 #통분

    피자 1개를 자르지 않고 먹는 사람의 거의 없습니다. 이미 배달될 때부터 6등분 또는 8등분으로 나누어져 있을테니까요. 그럼 피자는 모두 같은 조각으로 구성되어 있어야 할까요? 소식좌들은 한 조각을 다시 반으로 나누기도 하고 대식가들은 2조각을 겹쳐서 먹기도 하는데 말이죠. 요즘 배달앱을 보면 다양한 추가사항도 있고 고객 요청사항도 마련되어 있습니다. 원하는 소스를 고르듯이 피자조각의 크기도 선택 가능하다면 어떨까요?

    수업을 하다 보면 조건을 제대로 듣지 않는 아이가 있게 마련입니다.

    "분모가 같은 분수로 피자의 2분의 1을 채워 보세요"

    분명히 분모가 같은 분수로 채우라고 했는데 아래와 같이 피자를 완성한 모둠이 있습니다.

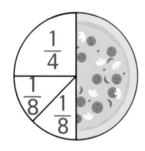

"어떻게 생각해요? 이렇게 2분의 1을 표현해도 될까요?"

오늘 놀이의 조건에서 벗어나긴 했지만 $\frac{1}{4}$ 1개와 $\frac{1}{8}$ 2개로 $\frac{1}{2}$ 을 표현할 수 없는 것은 아닙니다. 수업 중 나온 아이들의 특별한 예시에서 힌트를 얻어 사고력이 한층 업그레이드된 피자 한 판 만들기가 탄생했습니다.

'오랜만에 애들이랑 소통을 많이 했고요. 많이 협동을 해서 좋았어요.'

'옛날에 사이가 안 좋았던 아이와 즐겁게 할 수 있었고, 저는 철수와 별로 안 친한 사이였는데 피자게임하니까 제가 철수 말도 잘 들어줬어요.'

'저희가 한 열 번을 시도한 것 같거든요. 근데 약 아홉 번 틀렸어요. 아홉 번 망했고 한 번은 성공했어요. 실패했을 때는 망했구나 했는데 마지막에 성공하니까 이상했어요.'

활동이 끝난 후 들을 수 있었던 아이들의 이야기입니다. 소통하며 관계도 회복되는 이상한(?) 피자게임을 해 봅시다.

□ 적용 학년

- 3학년: 단위분수의 크기비교

- **5학년: 통분과 약분, 분수의 덧셈과 뺄셈**

□ 놀이 형태: 모둠 활동(4인 1조)

□ 준비물: 원모형(모둠 수만큼),

$\dfrac{1}{2}, \dfrac{1}{3}, \dfrac{1}{4}, \dfrac{1}{6}, \dfrac{1}{8}, \dfrac{1}{12}, \dfrac{1}{16}$ 크기의 원조각(원조각의 개수는 분모의 수만큼)

□ 놀이 방법

〈기본 규칙〉

– 모두 같은 크기의 조각으로 한 판을 구성할 수 없다. (예: 1/2 2개로 구

성할 수 없다.)

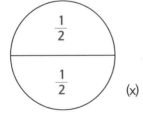 (x)   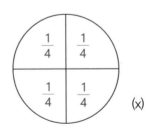 (x)

– 피자조각은 겹칠 수 없다.

① [준비하기] 교사는 원모형을 1개씩 각 모둠에 나눠주고, $\frac{1}{2}, \frac{1}{3}, \frac{1}{4}, \frac{1}{6}, \frac{1}{8},$ $\frac{1}{12}, \frac{1}{16}$ 크기의 원조각은 칠판에 붙여주거나 바닥에 흩어놓는다. 원조각을 가져와 원모형 위에 최대한 다양한 조각으로 구성된 피자 한 판을 만들도록 안내한다.

② 아이들은 바닥에 놓인 피자 조각들을 보고 어떤 조각을 가져와 피자 한 판으로 완성할지 의논한다.

③ 모둠별로 한 명씩 돌아가며 나와 피자 조각을 한 개씩 가져간다.(각 모둠의 1번 친구가 먼저 가져가고 다음엔 2번 친구가 피자 조각을 가져간다. 한 바퀴 돌면 2모둠부터 시작하여 공평하게 첫 순서를 가져갈 수 있도록 한다.)

④ 피자 조각을 겹칠 수가 없으므로 한 판의 크기보다 커지거나 모둠의 의견이 달라진 경우 다음 차례에 다른 조각과 바꾸어갈 수 있다.

⑤ 먼저 피자를 완성한 모둠이 나오면 나머지 모둠끼리 돌아가며 계속해서 조각을 가져간다.

⑥ 피자 한 판이 완성된 모둠은 덧셈식으로 표현해본다.

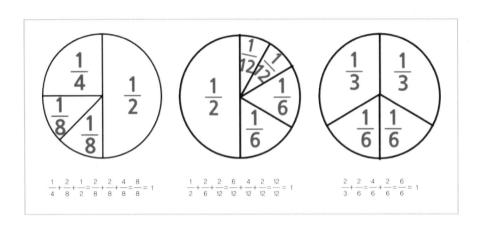

$$\frac{1}{4}+\frac{2}{8}+\frac{1}{2}=\frac{2}{8}+\frac{2}{8}+\frac{4}{8}=\frac{8}{8}=1$$

$$\frac{1}{2}+\frac{2}{6}+\frac{2}{12}=\frac{6}{12}+\frac{4}{12}+\frac{2}{12}=\frac{12}{12}=1$$

$$\frac{2}{3}+\frac{2}{6}=\frac{4}{6}+\frac{2}{6}=\frac{6}{6}=1$$

□ 놀이로 배움을 만들어요

　　5학년 통분과 약분 도입 단계에 '크기가 같은 분수를 알아보기'가 있습니다. 모둠별로 원의 2분의 1을 미리 제공해주고, 나머지 2분의 1을 분모가 같은 여러 가지 조각을 선택해 채우게 하는 놀이입니다. 그랬더니 다음과 같이 다양한 형태의 크기가 같은 분수가 만들어졌습니다.

〈크기가 같은 분수로 피자 한 판 만들기〉

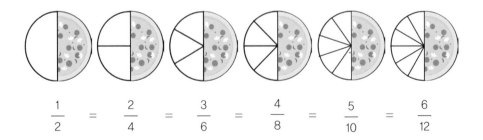

$$\frac{1}{2}=\frac{2}{4}=\frac{3}{6}=\frac{4}{8}=\frac{5}{10}=\frac{6}{12}$$

같은 분모의 분수로 채우라는 설명을 잘 듣지 않고 나머지 2분의 1을 아래와 같이 분모가 다른 분수로 채운 모둠도 있었습니다.

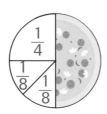

아이들의 특별한(?) 예시는 다음 수업의 차시예고로 활용하였습니다. 대신 분수의 덧셈을 다루는 수업에서는 아이들의 예시에서 힌트를 얻어 지금의 놀이로 변경하였습니다.

'분모가 다른 분수로 피자만들기'는 분수개념이 어려운 아이들도 공평하게 참여하며 배움을 나눌 수 있도록 협력적 놀이로 구성되었습니다. 모둠마다 돌아가며 한 조각씩 선택하는 규칙 때문에 선택이 거듭될수록 남아 있는 조각의 수가 줄어들게 됩니다. 처음에 계획했던 것과 달리 전략을 수정해야 하는 경우가 생기기 시작하지요. 이런 이유로 아이들은 처음 조각을 선택하기 전부터 활동이 끝날 때까지 1이 되는 분수의 다양한 조합을 여러 번 논의하게 됩니다. 남은 분수로 나올 수 있는 경우의 수를 예측하여 피자를 완성하는 과정에서 서로의 배움을 돕고 사고력과 재미를 함께 높일 수 있습니다.

분수조각에 따라 미묘하게 1이 되지 않는 경우도 생길 수 있으므로 나눗셈처럼 검산의 과정이 꼭 필요합니다. 그저 퍼즐을 맞추는 것으로 끝나지 않으려면 연산식으로 1을 만드는 과정을 확인할 필요가 있습니다.

$\frac{1}{16}$ 과 $\frac{1}{12}$ 은 피자를 완성하는 과정에서 조커와 같은 역할을 합니다. 실제 수업에서는 $\frac{1}{16}$ 과 $\frac{1}{12}$ 을 8개와 6개로 줄여 활동하는 것도 추천합니다. 횟수가 거듭되기 것만으로는 피자를 완성하기 어렵게 되기 때문이지요. 아이들은 남아 있는 분수조각들로 가능한 피자 한 판을 구성하기 위해 여러 가지 경우의 수를 골똘히 생각하며 남은 조각들을 바꾸어 나갑니다.

□ 이렇게도 바꿀 수 있어요

〈단위분수 크기 비교〉

아이들의 수만큼 단위분수 조각(27명이라면 $\frac{1}{2}$ ~ $\frac{1}{7}$ 크기의 원조각을 분모의 수만큼)을 준비해 나누어 줍니다. 이때 피자조각에는 분수가 적혀 있지 않아야 합니다. '같은 크기를 가진 친구들끼리 만나기' 미션을 주면 서로 대어보는 과정에서 크기가 같거나 다름을 확인하게 됩니다. 같은 크기를 가진 친구들끼리 한 개의 원을 완성하게 한 후 다른 모둠의 단위분수 조각과 비교해보면 직관적인 크기 비교가 가능해집니다.

〈단위분수로 피자 한 판 만들기〉

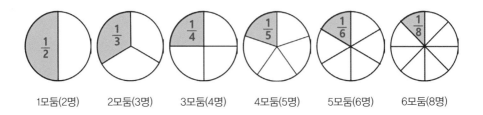

1모둠(2명)   2모둠(3명)   3모둠(4명)   4모둠(5명)   5모둠(6명)   6모둠(8명)

- 이 놀이는 한 번 활동한 것으로 그치지 않고 모둠원의 구성을 바꾸어 여러 차 례 실시하는 것을 추천합니다. 아이들은 의견을 나누는 과정에서 자신의 전략 을 수정하는 데 개방적인 태도를 보이며 더욱 다양한 아이디어를 나누는 데도 효과적입니다.

- 원조각을 프린트할 때는 손에 잡고 원을 구성하기 쉽게, 여러 번 교환하여도 구겨지지 않도록 두꺼운 종이에 프린트 하여 사용하는 것이 좋습니다.

- 3학년 단위분수 크기 비교의 경우 원조각이 학급 인원 수 보다 많거나 적다면 학급의 인원 수를 고려하여 조각수를 변경할 수 있습니다. 예를 들어 24명이 라면 분모를 2, 3, 5, 6, 8로 정해서 24조각으로 맞추면 학급 인원 수에 맞게 조각을 배치할 수 있습니다.

[약분과 통분] 색종이 분수 탐정

#이리저리접고오리는재미 #전체와부분

분수가 등장하면서 아이들이 가진 자연수 체계가 혼란스러워집니다. 수가 커질수록 양의 크기도 늘어났는데 분수는 분모의 크기가 클수록 양의 크기가 작아진다고 합니다. 자연수는 열 개를 묶으면 자리가 올라가는데 분수는 분자와 분모가 같아져야 1로 표현 가능합니다. $\frac{3}{3}, \frac{5}{5}, \frac{7}{7}$ 처럼 1로 표현 가능한 단위가 여러 가지 있다는 것이 얼마나 헷갈릴까요? 이제까지 익숙하게 사용했던 자연수와 한참 다른 분수, 아이들이 분수를 어려워하는 것은 당연합니다.

$\frac{1}{2}, \frac{1}{3}, \frac{1}{5}$ …분수는 자연수 1, 2, 3처럼 딱 떨어지는 수가 아니라서 한 번에 떠올리기 쉽지 않습니다. 분수는 전체와 부분의 관계를 잘 알아야 이해할 수 있기 때문에 색종이를 활용하면 분수 개념을 명확하게 이해하는 데 도움이 됩니다.

학년이 올라가 분수의 새로운 개념이 나올 때마다 아이들이 다시 헷갈려합니다. 약분과 통분은 $\frac{1}{2} = \frac{2}{4}$ 의 크기가 같고, 같은 크기로 더 나눌 수 있음을 이해해야 합니다. 하지만 쉽지 않습니다. 분수 시작부터 꾸준히 색종이를 접고 오리며 이해하면 약분과 통분도 좀 쉽게 느껴지겠지요. 색종이를 여러 번 접어 더 많은 부분으로 나누어 본 경험은 많을 테니까요.

색종이 한 장을 꺼내 일부를 잘라 분수를 만드는 놀이를 합니다. 아이들은 어떻게 하면 수학적이면서 창의적으로 분수를 만들지 골똘히 생각해서 세심하게 접고 자릅니다.

"내 색종이 분수의 크기는 얼마일까? 내 색종이 분수 만만하지 않지?"

'헉, 친구의 색종이 분수의 크기는 얼마지?'

색종이 분수를 추리하며 서로의 아이디어에 감탄합니다.

"오~, 대단한데!"

서로의 칭찬을 나누며 즐겁게 분수의 약분과 통분을 배울 수 있는 색종이 분수 추리하기 놀이. 어떨까요?

□ 적용 학년

− 3학년: 분수

− 4학년: 분수의 덧셈과 뺄셈

− **5학년: 약분과 통분**

□ 놀이 형태: 전체 활동

□ 준비물: 색종이(학급 인원만큼), 가위

□ 놀이방법

① [준비하기] 교사는 색종이를 한 장씩 나누어준다.

　　아이들은 색종이 한 장에 내가 원하는 분수만큼을 남기고 자른다. (25분의 16

　　을 생각했다면 다음과 같이 초록 부분만 남기고 흰 부분은 자른다.)

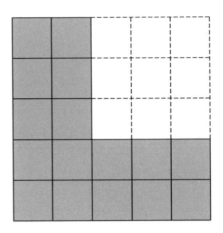

② 각자 만든 분수를 가지고 두 명이 만난다.

③ 분수 색종이를 교환하고 상대가 만든 분수가 무엇인지 추리하고 맞는지 확인

한다.

* $\frac{4}{16} = \frac{1}{4}$ 같은 크기의 분수로 답하는 것도 인정한다.

* 짝이 분수 찾기를 어려워할 경우 잘라낸 부분을 보여주어 도움을 준다.

④ 두 명 모두 서로의 분수 색종이를 추리하여 분수를 맞혔다면 어떻게 추리하

였는지 서로 해결 과정을 나눈다.

⑤ 새로운 짝을 만나 ③~④를 반복한다.

색종이를 접어 잘라낸 부분이 색종이 한 장을 1로 할 때 얼마인가는 색종이를 직접 접어보면서 논리적으로 추리할 수 있습니다. 정사각형 색종이는 2×2, 3×3, 4×4, 5×5, 6×6, 8×8등으로 얼마든지 접을 수 있으며 같은 크기의 분수 만들기에 유용합니다.

사각형 모양으로 접을 수도 있지만 삼각형이 되도록 접어 다양한 모양이 나올 수 있게 할 수도 있습니다.

남은 부분	자른 부분
$\dfrac{5}{8}$	$\dfrac{3}{8}$
$\dfrac{12}{16} = \dfrac{3}{4}$	$\dfrac{4}{16} = \dfrac{2}{8} = \dfrac{1}{4}$

〈분수의 크기 비교〉

상대의 분수와 크기가 누가 더 큰지 비교합니다. 눈으로 누구의 색종이 분수가 큰지 어림한 다음 상대의 색종이 분수를 서로 말한 다음 크기 비교가 맞는지 확인합니다.

통분이 필요한 경우 통분을 하여 크기를 비교합니다.

〈크기와 모양이 같게 4등분하기〉

색종이로 모양과 크기가 같은 $\frac{1}{4}$ 분수 만들기로 아이들이 창의적으로 표현할 수 있는 기회를 주는 것도 좋습니다. 보통 색종이로 $\frac{1}{4}$ 을 만들기 위해서는 사각형과 삼각형으로 접습니다.

같은 크기의 분수로 영역을 세분화하면 다양한 방법으로 색종이를 나눌 수 있습니다.

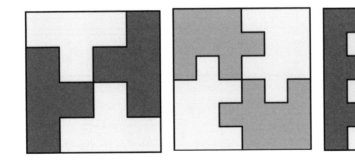

□ 수업의 팁

– 너무 많이 접을 경우 정확성이 떨어지므로 8×8을 넘어가지 않도록 하는 것이
좋습니다.

– 접은 부분이 정확하게 남아 있어야 추리의 근거가 됩니다. 색종이 분수의 크기
를 추리하는 데 필요하지 않은 선이 있으면 다시 색종이를 주고 접을 수 있도
록 합니다.

213

창의성을 키우는 놀이도 해 봐요

[영역 나누기] 모든 곳에 사랑이

#공평하게나누는재미 #사칙연산

"케이크를 형이랑 공평하게 나눠 먹으려면 어떻게 해야 할까?"

"엄마가 나눠 주면 안 돼요. 형이 더 큰 것을 가져가요. 또 형이 나눠도 안 돼요. 형 것만 크게 해요."

"그럼 어떻게 나누면 좋지?"

"형이 나누고 내가 고르면 돼요."

빵이나 피자를 나눠 먹을 때, 두 부분의 크기가 같게 자를 수는 있지만 토핑이나 크림 등 다른 이유로 정확하게 나누기는 어렵습니다. 두 사람이 있다면 모두를 만족시키는 방법은 한 사람은 분할하는 사람이 되고 다른 사람은 조각을 선택하는 사람이 되는 것입니다.

나누는 문제에 있어서 공평은 아주 중요합니다. 공평하지 않다고 느끼는 순간 마음에 상처가 나지요. 교실에서 가장 공평해야 할 것은 무엇일까 아이들에게 물어 보니 '사랑'이라고 답하네요. 교실에서 선생님에게 친구들에게 가장 받고 싶은 것도 '사랑'이 아닐까요? 그것이 공평하게 주어지지 않을 때 가장 속상할 테니까요. 학창 시절을 떠올려 보니 가장 싫었던 선생님은 차별하는 선생님이었습니다. 모든 아이들에게 공평하게 '사랑'을 나누고 있나? 갑자기 뜨끔해지네요.

모든 곳에, 모든 아이에게 사랑을 공평하게 나누어 주고 싶다는 교사의 마음이, 서로 차별하지 않고 모두와 사랑을 나누겠다는 아이들의 마음이 담긴 놀이입니다. 하트가 담긴 칸의 모양은 다를 수 있습니다. 나누어 주는 사랑도 각 사람의 상황에 맞는 표현 방법이 있지요.

아이들은 주어진 영역을 똑같은 크기로 나누면서 나눠진 모든 곳에 하트 하나씩을 꼭 넣어야 합니다. 전체 칸의 수와 하트 수의 관계를 생각하며 곱셈과 나눗셈을 익힐 수도 있습니다. 수학 놀이를 하면서 우리의 삶의 가치를 깊이 생각해 볼 수 있습니다.

□ 적용 학년

– 3학년 이상

□ 놀이 형태: 전체 활동

□ 준비물: 단계별 활동지(학급 인원만큼)

□ 놀이 방법

① [준비하기] 교사는 아이들에게 1단계 활동지를 나누어 준다.

② 아이들은 하트가 하나씩 들어가도록 하여 모든 칸을 같은 개수로 나눈다.

 ⇨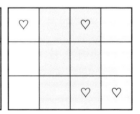

③ 칸이 남거나 겹치거나 모양이 끊어지지는 않았는지 확인한다.

④ 모두 똑같이 나누어지면 끝난다.

⑤ 먼저 끝낸 아이들끼리 나눈 방법을 공유하고 다음 단계로 넘어간다.

아이들은 하트를 하나씩 가지면서 칸을 공평하게 나눌 수 있기 위해 무작정 선을 그어봅니다. 이 방법으로 1단계 문제를 해결하는 아이들은 제법 있습니다. 하지만 2단계 이상의 문제를 해결하기 위해서는 전략이 필요합니다. 아이들은 저마다 해결 방법이 다르므로 해결 과정과 결과를 짝과 바꾸어 살펴볼 수 있는 기회가 필요합니다. 이 과정을 통해 다양한 생각과 해결 방법을 서로 설명할 수 있고 서로의 생각을 인정하는 자세를 기를 수 있습니다.

이 놀이는 전체 칸이 몇 개인지, 하트 개수가 몇 개인지 알아야 하고 (가로 칸 수)×(세로 칸 수)÷(하트 수)를 하여 하트 1개가 포함될 수 있는 칸이 몇 개인지도 알아야 합니다.

그 과정에서 자연스럽게 곱셈과 나눗셈이 이루어지고 하트가 포함될 칸 수의 모양도 다양하게 생각하게 됩니다. 교사가 제시하는 문제지에 익숙해지면 아이들이 문제를 직접 만들어 친구들과 바꾸어 해결할 수 있습니다.

3학년 수학교육과정에서 아이들이 싫어하는 단원 중 하나는 곱셈과 나눗셈입니다. (두 자리 수)×(한 자리 수), (세 자리 수)×(한 자리 수), (두 자리 수)×(두 자리 수), (두 자리 수)÷(한 자리 수), (세 자리 수)÷(한 자리 수)이지요.

아이들이 계산 원리를 이해했더라도 계산 능력을 향상시킨다는 목적으로 학습지를 자꾸 풀게 할 수밖에 없었을 것입니다. 이때 놀이가 필요합니다. 재미있으면 곱셈과 나눗셈이 지루하지 않습니다.

하트를 하나씩 넣으면서 공평하게 칸을 나누어 가지는 방법?

처음에는 하트가 포함된 칸의 모양에 관계없이 칸의 개수만 같게 하는 미션을 주다가 나중에는 나누어 가지는 칸의 모양까지 똑같이 하라고 할 수도 있습니다.

놀이에 익숙해지면 아이들이 활동지를 만들어보고 싶어 합니다. 곱셈과 나눗셈을 해야만 활동지가 만들어지기 때문에 곱셈과 나눗셈이 힘들지 않지요. 하트의 개수를 정할 때도 나머지가 없어야 하므로 여러 번 계산을 해 볼 수밖에 없습니다.

12 × 12 활동지도 만들고 싶어.

12 × 12면 144! 하트를 7개 넣을까? 하트를 8개 넣을까?

하트의 개수와 칸을 늘려가며 게임을 계속 진행할 수 있어요. 단계가 높아질수록 전체를 똑같이 나눈 모양이 다양해집니다.

〈4×5 활동지〉

		♡	
	♡	♡	
	♡		
	♡		

		♡	♡
	♡		
	♡	♡	

〈8×7 활동지〉

		♡					
		♡	♡				♡
	♡		♡				♡

219

〈8×12 활동지〉

							♡
			♡				
	♡					♡	
	♡					♡	
			♡		♡		
				♡			
♡					♡		♡

220

□ 수업의 팁

‒ 직선 모양의 칸만 그리다 보면 다양한 모양을 생각하지 못하는 경향이 있으므
  로 아이들의 활동 결과를 전시하는 것도 좋습니다.

[알파벳 퍼즐] 퍼즐도 맞추고 둘레와 넓이도 구하고

#창의력 #모양맞추기 #평면도형의둘레와넓이

이 도형은 사각형일까요? 사각형이 아닐까요?

사각형이야. 아냐, 움푹 들어가 있잖아. 그래도 변이 4개잖아. 아이들의 의견이 분분합니다.

초등학교 교육과정에서 다루진 않지만 사각형의 한 꼭지각의 크기가 180도보다 클 때를 오목사각형이라고 합니다. 변도 4개고 꼭짓점도 4개지만 대부분의 아이는 사각형이 아니라고 말합니다. 일반적으로 봐왔던 사각형의 형태와 많이 다르기 때문이겠지요.

'알파벳 도형 맞추기' 역시 이런 선입견에서 벗어날 필요가 있습니다. 퍼즐 조각의 움푹한 곳이 있으면 대부분의 사람들은 이곳에 무엇인가를 끼워 넣으려고 합니다. 오목하게 들어간 부분이 면의 일부가 아니고 도형의 변(테두리)이 될 수 있다고 느끼는 순간 문제를 해결하는 다음 단계로 나아갈 수 있습니다.

퍼즐을 맞추어 보는 것만으로도 충분히 재미있는 창의력 놀이지만 맞춰진 알파벳 도형으로 둘레와 넓이도 구해보려 합니다. 알파벳 도형 그대로 둘레와 넓이를 구하기는 어렵습니다. 어떻게 둘레와 넓이를 구할지 궁리하는 것은 또 다른 재미가 있는 도전입니다.

□ 적용 학년

− **3학년 이상**

□ 놀이 형태: 짝 활동(2인 1조)

□ 준비물: 활동지(2인 1조만큼)

□ 놀이 방법

① [준비하기] 교사는 2인 1조로 활동지를 나누어 준다.

② 짝과 함께 활동지에 있는 알파벳 퍼즐을 오려서 해당되는 알파벳이 되도록

　　퍼즐을 맞춘다.

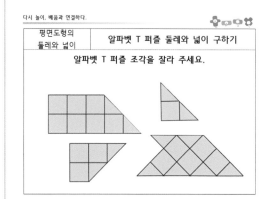

③ 알파벳 전체 형태를 생각하며 도형의 둘레와 넓이를 구한다. 넓이를 구하기

위해 도형을 원하는 크기로 나눌 수 있다.

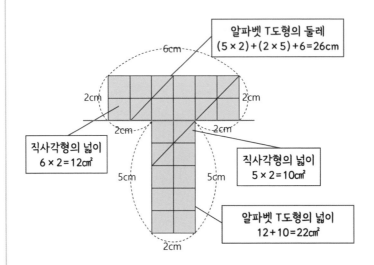

알파벳 T도형의 둘레
(5 × 2) + (2 × 5) + 6 = 26cm

6cm

2cm   2cm

직사각형의 넓이
6 × 2 = 12㎠

2cm   2cm

직사각형의 넓이
5 × 2 = 10㎠

5cm   5cm

알파벳 T도형의 넓이
12 + 10 = 22㎠

2cm

④ 먼저 끝낸 아이들끼리 해결 방법을 공유하고 다른 알파벳 퍼즐로 넘어간다.

□ 놀이로 배움을 만들어요

'알파벳 퍼즐 넓이 구하기'는 조각난 퍼즐을 맞추어 알파벳 형태가 되도록 조각

을 움직여보는 창의력 놀이에 둘레와 넓이를 구해보는 활동이 더해진 융합형 놀

이입니다. 보기에는 쉬워 보이지만 막상 도전해보면 그렇게 만만하지 않습니다.

문제를 해결하기 위해서는 모서리에 끼워야 한다는 고정관념을 깨야만 하지요.

조각을 맞추고 나면 맞춘 도형의 둘레와 넓이를 구하는 과정이 남아 있습니다. 넓이는 퍼즐을 맞추지 않더라도 모눈의 수를 세어서 구할 수도 있습니다. 하지만 둘레는 도형의 모양을 예상하기 어렵기 때문에 반드시 퍼즐을 맞추는 과정이 필요합니다. 실제로 넓이를 구할 때 대부분의 아이는 평면도형의 넓이를 구하는 공식을 활용하기 위해 분할하여 넓이를 구합니다. 여러 과정을 이어나가는 동안 창의력과 응용력이 향상되는 놀이입니다.

아이들마다 퍼즐을 맞추고 둘레와 넓이를 구하는 시간이 차이가 납니다. 성취가 느린 아이도 성공 경험을 할 수 있도록 활동지는 L자부터 시작하는 것이 좋습니다. 먼저 활동이 끝난 아이들에게 다음 E와 T, N 활동지를 제공하면 단위 시간 동안 개인차를 고려하며 활동할 수 있습니다.

〈알파벳 E 활동지〉

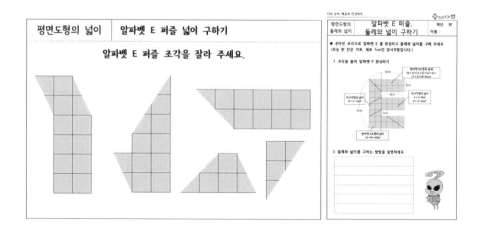

〈알파벳 L 활동지〉

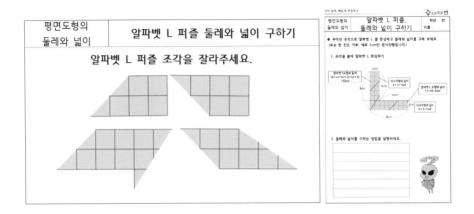

〈알파벳 N 활동지〉

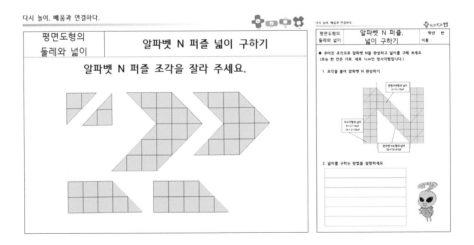

- 평면도형의 둘레와 넓이를 배우지 않았다면 알파벳 활동지만 내어주고 조각 맞추기 활동을 할 수도 있습니다. 저학년인 경우 교사가 모양을 잘라서 제공해 줄 수도 있지만 아이들이 직접 오려서 활동하게 하는 것이 좋습니다.

- 알파벳 N 활동지의 경우 둘레의 길이를 구하는데 적합하지 않아 넓이를 구하는 활동으로만 구성할 수도 있습니다.

[네모네모로직] 숫자로 그리는 그림

#규칙찾기 #창의 #퍼즐 #논리

'Painting by numbers'라는 DIY 명화그리기를 해 본 적 있으신가요? 레오나르도 다빈치가 자신의 제자들에게 그림그리기를 가르치기 위해 고안했던 방법에서 착안하였다고 합니다. 키트 안에는 기본 스케치에 숫자가 적힌 캔버스, 같은 숫자가 적혀 있는 물감이 함께 제공됩니다. 스케치에 적혀있는 숫자와 맞는 물감을 찾아 색칠하다 보면 한 폭의 멋진 아크릴화작품이 탄생하지요.

'네모네로로직'도 일종의 'Painting by numbers'(숫자로 그림그리기)라고 할 수 있습니다. 수들이 주는 정보를 골똘히 생각하며 색칠하다 보면 어느덧 재미있는 그림과 문자가 나타납니다.

DIY키트에서는 숫자가 주는 정보를 따라가기만 하면 되지만 '네모네모로직'에서는 가로 세로에 적힌 숫자 간의 관계를 논리적으로 잘 따져봐야 합니다. 규칙에 익숙해지고 나면 나만의 개성을 담은 로직을 만들어낼 수도 있습니다.

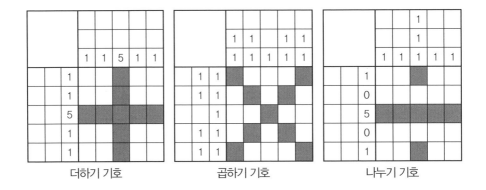

더하기 기호   곱하기 기호   나누기 기호

□ 적용 학년

− **3학년 이상**

□ 놀이 형태: 전체 활동

□ 준비물: 활동지(학급 인원만큼)

가로   세로

□ 놀이 방법

〈기본 규칙〉

1. 가로 세로줄에 적힌 수만큼 연속해서 색을 칠한다.

2. 적힌 수들의 순서대로 색칠해야 하며 숫자가 여러 개인 경우 1칸 이상

   띄워 다음 수를 칠해야 한다.

3. 가로 세로로 적힌 수들이 모두 알맞아야 한다.

① [준비하기] 교사는 아이들과 완성된 네모네모로직을 보며 규칙을 찾아본다.

						1	
			5	0	3	1	3
		1					
	1	3					
1	1	1					
	1	3					
		1					

〈숫자 10〉

② 아이들은 기본규칙이 이해되었다면 활동지에 있는 로직 퍼즐을 해결해 본다.

						2	
			1	2	5	1	1
		1					
		3					
		5					
		1					
		2					

〈우산〉

				1	1	1	
			2	1	1	1	2
	1	1					
1	1	1					
	1	1					
	1	1					
		1					

〈하트〉

③ 로직 문제를 직접 만들어 보고 친구와 교환하여 해결해 본다.

'로직'은 수가 색칠되는 규칙을 이용•해 문자나 숫자를 만들 수 있는 퍼즐놀이입니다. 로직을 안내할 때는 먼저 완성된 로직 하나를 주고 규칙을 알아보게 하는 것이 좋습니다. 퍼즐의 규칙대로 활동하는 것도 좋지만 퍼즐을 보면서 규칙을 찾게 하면 규칙을 찾는 과정에서 자신의 언어로 규칙을 설명하게 됩니다. 나의 머릿속에 정립된 규칙은 정확하고 더 이해하기도 쉽지요.

로직은 다양한 크기로 활동이 가능하지만 5×5부터 점차 칸의 수를 늘려가면서 활동지를 구성하는 것을 추천합니다. 익숙해지면 아이들이 직접 로직을 만들 수도 있습니다. 아이들은 다양한 모양으로 더욱 재미있는 로직을 만들어내는데, 완성된 그림이 무엇인지 알아맞히는 것도 또 하나의 재미가 됩니다.

로직퍼즐을 색칠할 때는 적혀 있는 숫자가 큰 수부터 시작하는 것이 좋습니다. 검게 칠하면 안 되는 부분은 체크하고 다 채운 공간을 가리키는 수는 지워나가면 더 쉽지요. 이러한 전략은 가르치지 않아도 아이들이 활동하면서 익혀나가기도 합니다.

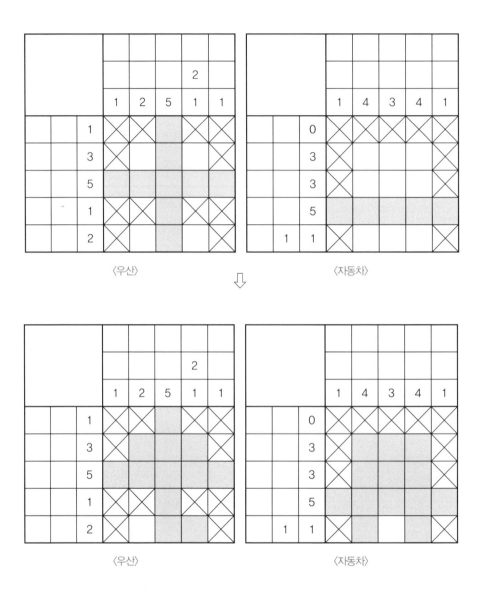

〈우산〉   〈자동차〉

〈우산〉   〈자동차〉

아이들이 문제를 만들 때는 흰 부분과 검은 부분을 바꿔서 표현하게 할 수도 있습니다.

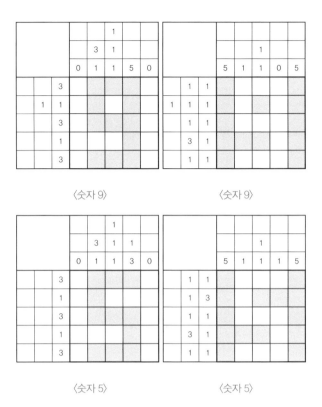

〈숫자 9〉 (왼쪽)

				1		
			3	1		
		0	1	1	5	0
	3					
1	1					
	3					
	1					
	3					

〈숫자 9〉 (오른쪽)

					1		
			5	1	1	0	5
1	1						
1	1	1					
	1	1					
	3	1					
	1	1					

〈숫자 5〉 (왼쪽)

				1		
			3	1	1	
		0	1	1	3	0
	3					
	1					
	3					
	1					
	3					

〈숫자 5〉 (오른쪽)

					1		
			5	1	1	1	5
1	1						
1	3						
1	1						
3	1						
1	1						

〈아이들이 만든 네모네모로직 퍼즐〉

〈하트〉

				1	1	1	
			2	1	1	1	2
	1	1					
1	1	1					
	1	1					
	1	1					
		1					

〈낙타〉

		1	5	1	2	3
	1					
2	1					
	4					
1	1					
1	1					

〈자동차〉

		1	4	3	4	1
	0					
	3					
	3					
	5					
1	1					

						1	7	1	3	3	1	7	1			
						3	2	3	1	1	3	2	3			
				0	0	13	3	2	1	1	1	1	2	3	13	0
		3	3													
1	1	1	1													
1	1	1	1													
1	1	1	1													
1	1	1	1													
1	1	1	1													
			10													
	2	2	2													
			10													
1	2	2	1													
	2	4	2													
		3	3													
			10													

〈바둑판에 완성한 웃는 토끼〉

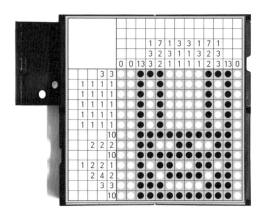

- 교실에 자석 바둑판이 있다면 이것을 활용하여 네모네모로직판을 만들어 네모네모로직을 좀 더 쉽게 익힐 수 있습니다.(검은색으로 칠하기 대신 검은 바둑돌을, 칠하면 안 되는 부분 체크는 흰색 바둑돌을 이용)
- 바둑판은 18×18이므로 위쪽 5줄과 왼쪽 5줄을 이용한 활동지를 만들고 그 활동지를 바둑판 위에 올려서 사용합니다. 바둑알을 서로 번갈아가며 놓아보는 재미가 있습니다.

[테트리스] 빈칸 없이 채워라

#함께하는재미 #빈칸없이한줄완성하기 #소통과협동

'몇 개씩 몇 묶음, 몇의 몇 배, 몇×몇'

단순히 곱셈을 나타내는 다양한 표현 같지만 중요한 의미를 담고 있습니다. 영화관에서는 의자 개수를 셀 때, 많은 사람이 줄을 서서 모여 있을 때 인원수를 빨리 셀 때 곱셈을 사용합니다. 또한 사용하려는 도화지의 크기를 알아볼 때, 바닥에 깔아야 하는 돗자리의 크기를 알아볼 때도 곱셈이 필요하지요.

이렇게 곱셈은 많은 수를 셀 때나 넓이를 구할 때 편리하게 사용할 수 있습니다. 개수와 넓이는 다른 개념이지만 구하는 식이 같다는 것은 참으로 놀라운 일입니다.

한 개가 모여 몇 개씩 몇 묶음을 만들고 그 개수가 결국은 넓이가 되는 것입니다. 2개의 주사위를 사용하여 □×○의 식을 만들고 □개씩 ○묶음 또는 ○개씩 □묶음을 만들어봅시다.

사각형 테트리스는 '[직사각형 바둑] 한 수 앞을 내다보자'와 사각형을 그려 땅을 채운다는 것은 비슷합니다. '넓이바둑'이 자신의 땅을 차지하기 쉽도록 길을 만들고 상대는 어렵도록 방해하는 것이 재미 요소라면, 빈칸 없이 채우는 '사각형 테트리스'는 짝과 함께 협동하여 전략을 세우는 놀이입니다.

□ 적용 학년

− 2학년 이상

□ 놀이 형태: 짝 활동(2인 1조)

□ 준비물: 활동지(2인 1조만큼), 육면체 주사위(학급 인원만큼)

□ 놀이 방법

□ 테트리스 : 7종류의 테트로미노가 떨어질 때 이동 및 회전시켜서 적절한 곳에 내려놓는 방식으로 진행된다. 놓인 테트로미노들이 완벽한 (비어 있는 칸이 없는) 한 줄을 이루면 해당 줄이 소거되며 점수를 얻는다.

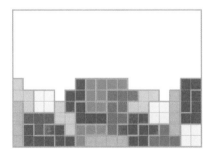

① 짝과 가위바위보로 순서를 정한다.

② 짝과 번갈아가며 주사위 2개를 던져 나온 수로 □ × ○ 직사각형을 만들어

   아래부터 그린다.

   – 짝이 사각형을 다 그렸을 때 주사위를 던질 수 있다.

③ 짝과 번갈아 가며 직사각형을 그려나가다 줄이 모두 채워지면 한 줄에 1점씩

   받는다. 다음과 같이 그렸다면 2점을 얻게 된다.

   – 번호는 그린 직사각형을 그린 순서이다. 1(나)–2(짝)–3(나)–4(짝)

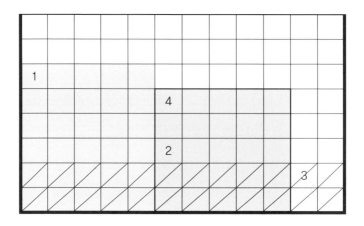

– 위쪽이 열려 있어야 채울 수 있고 아래나 옆으로 끼워 넣을 수 없다.

– 6×6, 6×5, 6×4, 5×5 등이 나온 경우 더 이상 채울 수 없어 놀이가 종료된

   다.

- 6번째에 2×3 직사각형이 나왔더라도 3번째 위 비어 있는 칸에 끼워 넣을 수 없다.

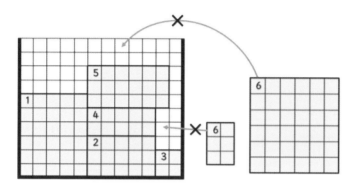

④ 어떻게 하면 한 줄을 모두 채울 수 있을지 짝과 의견을 나누며 그려 나간다. 아래의 경우 최종 7점을 얻는다.

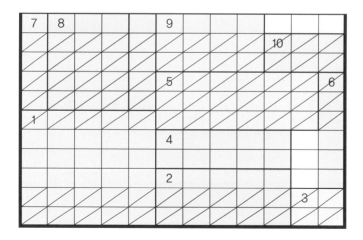

짝과 함께 어떻게 하면 빈칸 없이 모두 채워 나갈 수 있을지 고민하면서 서로의 활동에 관심을 가지고 적극적으로 참여합니다.

주사위 2개에서 나온 수로 직사각형의 가로, 세로 길이를 정합니다. 중간에 칸이 비었더라도 직사각형을 끼워 넣을 수 없기 때문에 아래에서부터 채울 수 있는 전략을 생각해야 합니다. 아래 부분의 남은 칸을 도저히 채울 수 없을 때는 과감히 다음 윗줄로 나아갈 수 있는 담대함과 용기도 필요합니다.

최종 빗금 친 부분의 넓이 구하기도 가능하지요. 눈금 1칸을 1㎠라고 할 때, 12×1이 모두 7줄이므로 12×7=84㎠입니다. 또는 12×11-12×4=84㎠와 같이 큰 직사각형 전체에서 채워지지 않은 줄을 빼 줄 수도 있습니다.

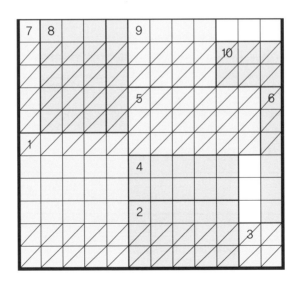

⟨다각형의 넓이⟩

직사각형뿐만 아니라 삼각형(밑변, 높이 길이), 사다리꼴(윗변, 높이 길이), 평행사변형(밑변, 높이)으로 채워나갈 수 있습니다. 도형이 선택되는 주사위를 같이 굴려서 완성하게 하면 난이도가 높아져 더 많은 전략을 세워가며 활동하게 됩니다.

이렇게 제시할 수 있습니다.

눈의 수	주사위 3 (도형 선택)	주사위 1	주사위 2
1	삼각형	밑변	높이
2	사다리꼴	윗변	높이
3	평행사변형	밑변	높이
4~6	원하는 도형	해당되는 길이	해당되는 길이

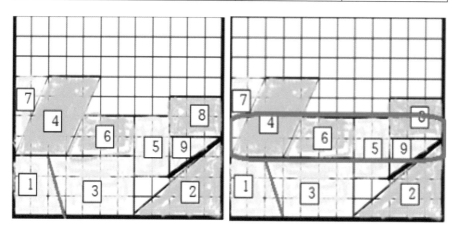

이 활동에서는 '9'처럼 아래에 빈칸이 있을 경우 끼워 넣을 수 있습니다. 주사위를 던져 6×6, 삼각형이 나왔다면 더 이상 활동을 진행할 수 없고 채운 줄은 2줄

이므로 2점을 받게 됩니다.

1~9번 도형의 각각의 넓이를 구해 봐도 되고 1과 3의 사다리꼴을 합한 넓이를 구할 수도 있습니다.

여러 가지 사각형을 그리다 보면 사다리꼴과 평행사변형의 넓이는 직사각형＋삼각형, 삼각형＋삼각형으로 이루어졌음을 이해하고 넓이를 구해야 할 경우 사각형과 삼각형의 넓이 구하는 방법을 활용할 수 있음을 이해하게 되지요.

□ 수업의 팁

– 주사위를 던진 후에는 꼭 짝과 의논을 한 후 도형을 그리도록 합니다.

– 짝이 도형을 그리고 있는 동안 주사위를 던지지 않도록 합니다.

[직사각형 바둑] 한 수 앞을 내다보자

#규칙찾기 #공격과방어 #직사각형배열구

"땅이 크면 좋은 줄 알았는데 이건 상관이 없는 것 같아요."

좁은 땅덩이에서 복작복작 살아서 그런지 넓은 땅을 차지하려는 마음은 본능인가 봅니다. 많은 땅을 차지하는 것이 아니라고 해도 주사위에서 큰 수가 나오면 좋아하네요. 넓은 영역을 그릴 수 있으니까요. 간혹 큰 것이 부담스러울 때도 있는데 말이지요.

바둑은 가장 높은 지적 능력을 요구하는 보드게임 중 하나입니다. 자신의 돌로 둘러싼 '집'을 많이 만드는 쪽이 이기는 놀이지요. 넓이 바둑은 바둑과 비슷한 듯 다릅니다. 땅을 두고 다투는 것은 두 놀이의 비슷한 점입니다. 하지만 많은 땅을 차지하는 쪽이 승리하는 바둑과는 달리 넓이 바둑은 땅 넓히기를 계속할 수 있느냐가 중요합니다. 이 과정에서 전략과 약간의 행운이 필요하지요.

주사위를 굴려 나온 숫자로 ㅁ×ㅇ 사각형을 그립니다. 주사위를 굴려 나온 두 숫자가 직사각형의 가로와 세로의 길이가 되는 셈입니다. 당연히 직사각형의 전체 칸은 넓이가 되겠지요? 아이들은 모양이 달라도, 가로와 세로의 길이가 달라도 땅의 넓이가 같을 수 있음을 확인합니다.

아이들이 배우는 게 넓이뿐일까요?

아이들은 '그다음'을 예상하고 선택하게 됩니다. '한 수 앞'이라는 말, 들어 보셨지요? 몇 가지 상황의 수를 예상하고 미래를 예측하는 것을 말합니다. 넓이 바둑에서는 그 '한 수'를 내다보는 전략을 사용합니다. 상대방의 움직임에 따라 나의 다음을 선택하기 때문에 짝의 활동에 집중하게 됩니다. 하지만 가끔 그 '한 수'는 주사위라는 우연에 기대기 때문에 내가 져도 기분이 많이 상하지는 않습니다.

□ 적용 학년

- 3학년 이상

□ 놀이 형태: 짝 활동(2인 1조)

□ 준비물: 활동지(2인 1조만큼), 육면체 주사위(학급 인원만큼), 색이 다른 펜

□ 놀이 방법

〈기본규칙〉

1. 주사위를 굴려 나온 두 수가 사각형의 가로와 세로 길이가 된다.

2. 자신이 그린 사각형은 모눈 칸의 한 변 이상 연결되어야 한다.

3. 모든 사각형은 겹치지 않아야 한다.

---

① 짝과 가위바위보로 순서를 정한다.

② 짝과 번갈아 가며 주사위 2개를 굴려 나온 두 수로 직사각형을 만들고 색칠

  한다.

③ 번갈아 가며 활동한다.

 – 기본 규칙 2번에 따라 아래와 같이 3번 위치에 노란 직사각형을 그릴 수 없

  다.

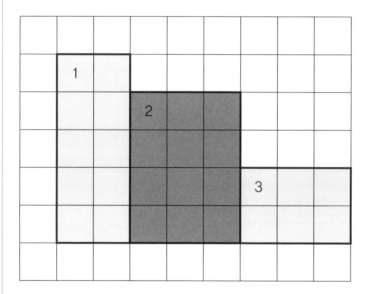

④ 상대방이 더 이상 땅을 넓힐 수 없도록 방어하며 직사각형을 만든다.

⑤ 더 이상 직사각형을 그릴 수 없을 때 활동이 끝난다.

넓이 개념을 이해하기 위해 '직사각형 배열 구조 만들기'를 반복할 수 있는 놀이입니다. 주사위를 던져 나온 수가 내가 그릴 직사각형의 가로와 세로의 길이가 되지요. 내가 색칠할 수 있는 공간을 확보할 수 있도록 직사각형을 어디에 그릴지, 상대방이 공간을 확보할 수 없도록 어떻게 방어할지가 이 놀이의 핵심전략입니다.

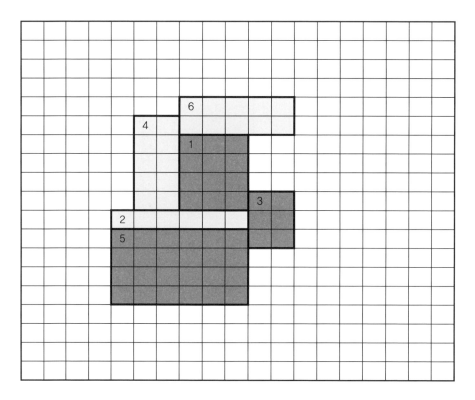

다음과 같이 노랑색과 파란색으로 넓이 바둑을 둡니다. 파란색이 주사위를 던져 나온 3, 4로 3×4 직사각형을 가운데에 그리고 노란색이 1×6으로 파란색이 아래로 나아가는 길을 방해합니다.

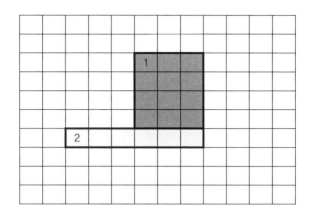

파란색이 2×3 직사각형으로 오른쪽으로 나아가는 길을 넓히고 노란색이 5×2 의 직사각형을 그려 넣어 파란색이 왼쪽으로 나아갈 수 없도록 했습니다.

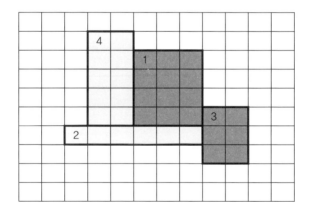

다음으로 파란색이 4, 6이 나왔다면 어느 쪽으로 나아길지 어떻게 방해할지 고민하게 됩니다. 그리고 4×6 직사각형을 노란색 1×6 아래로 그려 노란색이 아래의 땅을 차지하기 어렵도록 만들었습니다.

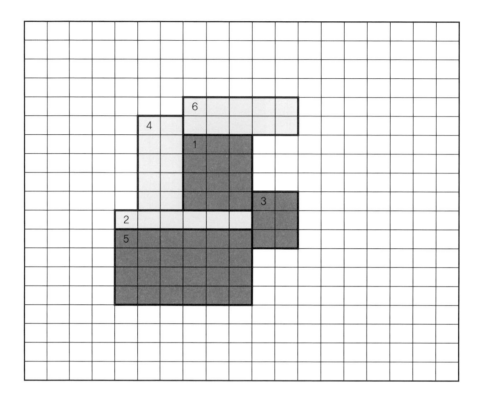

그렇기 때문에 다음번의 노란색 5×2는 가장 처음 그린 파란색 3×4 위에 그려 자신이 나아갈 길을 파란색이 위쪽 땅을 차지할 수 없도록 방해하였습니다. 이처럼 내 영역은 넓히고 상대의 영역은 좁혀 나갈 수 있도록 직사각형을 그리면서 다양한 전략을 사용합니다.

처음에는 넓은 공간에서 나의 면적을 확보하고 상대의 진로를 방해하기 위해 큰 수가 나오는 것이 유리합니다. 게임이 진행될수록 그릴 수 있는 면적이 줄어들기 때문에 작은 수가 나오는 것이 더 좋습니다. 하지만 주사위의 수는 내가 의도한 대로 나오는 것이 아니기에 더욱 흥미진진하지요.

〈곱셈〉

3학년에서는 넓이 개념을 학습하지 않지만 곱셈의 의미와 시각적인 이미지를 개발하는 데 직사각형 배열 모델을 활용할 수 있습니다. 주사위를 던져 나온 수에 대해 몇 개씩 몇 묶음을 할 것인지 생각하여 색칠하기 대신 바둑알을 그려서 자기 칸을 채울 수 있습니다.

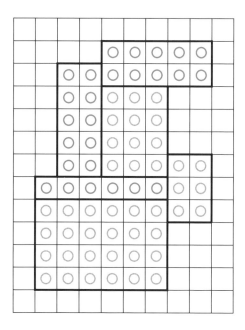

– 활동지 칸의 수는 변동 가능합니다.

– 활동지 대신 바둑판을 활용할 수 있습니다.(3학년 곱셈에서 권장)

[테트라스퀘어] 사각형으로 잘라 볼까?

#땅을넓히는재미 #직사각형배열구조 #약수

"선생님, 이거요."

아이들은 시시때때로 애정 고백을 합니다. 어떤 예쁜 말로 표현을 했을까 기대했지요. 얼마나 여러 번 접었다 펼쳤는지 접은 부분이 헤진 종이를 받아 펴보았습니다.

아이가 준 건 편지가 아닌 테트라스퀘어 활동지였지만 편지를 받은 것만큼 기뻤습니다. 포기하지 않고 도전한 흔적이 종이 곳곳에 남아 있었으니까요. 얼마나 많이 고치고 고쳤는지 너덜너덜해진 종이 반대편에 테이프가 덕지덕지 붙어 있었습니다.

큰 숫자, 복잡한 식, 긴 문장을 보면 문제를 풀기도 전에 지레 겁을 먹습니다. 많은 아이들이 수와 연산보다 도형 영역이 좀 더 쉽다고 느끼는 이유기도 하지요. 도형 또한 만만치 않게 복잡한 개념이 포함되어 있는데 말입니다.

테트라스퀘어는 작은 사각형들로 전체 사각형을 채우는 놀이입니다. 작은 직사각형을 만드는 규칙은 곱셈일 수도, 약수일 수도 있습니다. 곱셈을 배울 때는 직사각형 배열 구조를 많이 활용합니다. 직관적으로 확인할 수 있기 때문이지요.

테트라스퀘어의 작은 사각형을 만들며 곱셈과 약수를 직사각형으로 이미지화합니다. 수와 시각적 이미지를 연결하면 연산을 이해하는 데 좀 더 수월하겠지요.

활동지가 작은 숫자와 도형으로 되어 있어 도전할 만하다고 느낍니다. 성공 가능성이 크다고 판단하기 때문에 실패해도 다시 도전하지요.

"될 것 같고, 될 것 같고 해서 계속 했어요. 숫자들이 작으니까 쉬워 보였는데 그건 아니었어요."

아이들이 먹는 감기 시럽엔 약 성분의 쓴맛을 감추기 위해 단맛을 내는 첨가물이 들어갑니다. 작은 수와 사각형이 곱셈, 약수의 반복 학습에 대한 부담을 줄여 주는 것과 비슷하지요. 감기 시럽과 같은 놀이, 가끔은 달달하게 배워도 괜찮지 않나요?

□ 적용 학년

– **2학년 이상**

□ 놀이 형태: 짝 활동(2인 1조)

□ 준비물: 활동지(2인 1조만큼)

□ 놀이 방법

〈기본규칙〉

– 직사각형에 숫자들이 적혀 있고 이 숫자는 넓이를 나타낸다.(한 칸의

넓이는 1이다.)

– 넓이에 맞게 직사각형을 그려 ㅁ × ㅁ 형태로 그린다.

– 하나의 직사각형 안에는 하나의 숫자만 있어야 한다.

– 직사각형끼리는 겹치지 않아야 하고 전체를 완성하면 남는 칸이 없어

야 한다.

① [준비하기] 교사는 활동지를 짝별로 한 장씩 나누어 준다.

② 짝과 번갈아가며 적힌 수만큼의 칸으로 사각형을 만든다.

③ 자신의 차례에서만 사각형을 그릴 수 있으며 짝의 차례에서는 의견을 말할

수 있다.

④ 그린 직사각형은 의논하여 바꿀 수 있다.

□ 놀이로 배움을 만들어요

테트라스퀘어에 적힌 수의 합은 (모눈 한 칸이 1㎠라고 했을 때) 큰 사각형의 넓

이가 됩니다. 아이들에게 놀이를 소개할 때 수가 의미하는 것을 찾아보게 하는 것

도 좋습니다.

처음 활동을 할 때는 테트라스퀘어의 규칙을 익힐 수 있도록 충분히 연습하는 것이 좋습니다. 학급구성원 전체와 함께 하면서 규칙을 익힙니다. 한 명씩 돌아가면서 적혀 있는 수만큼 모눈 칸을 묶어 봅니다. 협력하면서 문제를 해결하는 재미가 있지요. 잘못 묶여졌다고 생각할 경우, 자기 차례가 되었을 때 고치는 것도 가능합니다.

규칙을 빨리 익히게 하려면 완성한 활동지를 살펴 보는 것도 좋은 방법입니다. 아이들이 직접 만들어 보게 할 수도 있습니다. 5×5, 7×7, 10×10, 15×15 등 칸의 개수를 늘려가며 차례로 해결합니다.

2, 3, 5, 7, 11…처럼 1과 자신만을 약수로 가진 경우 1× □ 로 그릴 수 있으나 4, 6, 8, 10, 12…처럼 다른 약수를 가진다면 다양한 곱셈식을 만들 수 있습니다. 4는 1×4, 2×2로 6은 1×6, 2×3으로 12는 1×12, 6×2, 3×4로 다양하게 직사각형을 그릴 수 있습니다.

	2	2		
3	3			
	2	3	3	
	2			5

위의 경우가 1과 자신만을 약수로 가진 테트라스퀘어에 해당합니다.

아래는 똑같이 2, 3, 4, 6, 8로 되어 있지만 숫자를 어떻게 배치하느냐에 따라 난이도가 달라집니다. 숫자들이 모여 있으면 주변부 칸부터 묶으면 되기 때문에 흩어져 있을 때보다 상대적으로 쉬워집니다.

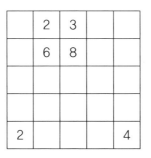 

〈숫자가 모여 있는 경우〉　　〈숫자가 흩어져 있는 경우〉

2학년: 곱셈구구를 학습할 때 활용할 수 있습니다. 테트라스퀘어의 숫자가 곱셈구구의 결과값이 되며 몇 개씩 몇 묶음으로 표현하는 활동으로 구성합니다.

4학년: 소수의 덧셈과 뺄셈에서 한 칸을 0.1로 변형할 수 있습니다.

		0.5			
		0.2		0.4	
	0.4		0.4		
		0.2			
0.6	0.4		0.4		0.2
	0.6		0.3		
			0.3		

			1.2			0.8			
0.6									
0.6								0.6	
		0.4							
0.2					0.4		0.4		
						0.7			
0.3				0.6					
		0.9	0.4				0.2	0.2	

5학년: 사각형 넓이를 학습할 때 활용하면 좀 더 재미있게 익힐 수 있습니다. 주어진 숫자가 넓이 값이 되며 넓이 값을 나타내기 위한 가로와 세로 길이를 탐색합니다.

			3							2
							12			
			12	4		3				3
	12							4		
						6			2	
8					2	2			8	
			3							
	2			6			2		2	
						10				
			6					3		
	9			8			8			
										2

- 숫자의 위치에 따라 난이도를 조절합니다.

- 문제를 만들 때, 영역을 먼저 나눈 후 숫자를 쓰면 수월합니다.

- 투명 A4 파일 안에 활동지를 넣어 보드마카로 영역을 나누면 수정이 쉽습니

  다.

[체스페이퍼 폴딩] 접고, 펴고, 돌려서 모아 보자

#큐브 #집중력 #공간지각력 #단위분수 #두뇌회전놀이

"오늘은 선생님이랑 큐브 만들기를 해볼까?"

큐브가 어디 있냐고 두리번거리다 선생님이 주는 종이를 보곤 실망을 감추지 못합니다.

새침해 있는 아이들과 필요한 부분을 접고 잘라 놀이할 준비를 마치고는 "선생님이 지금부터 이 종이를 잘 접어서 4개의 같은 분수가 되게 만들어 볼 거야." 말하며 살짝 뒤로 돌아 4개의 같은 분수를 접어 보여줍니다.

"우와, 어떻게 한 거예요. 저도 해 볼래요."

갑자기 교실이 소란스러워 졌다가 일순간 조용해지기도 합니다. 저마다 이렇게도 접어보고 저렇게도 돌려보느라 그동안 볼 수 없었던 집중력을 한껏 발휘하고 있습니다.

대부분의 아이는 손으로 퍼즐을 맞추거나 블럭을 조립하는 형태의 놀이를 좋아합니다. 체스페이퍼 폴딩에서 짝을 맞추는 동안 종이를 접고 돌리고 펴는 활동을 반복하게 되는데 이는 마치 정육면체 큐브를 이리저리 맞춰 보는듯한 느낌이 듭니다.

큐브나 퍼즐 형식을 좋아하는 사람이라면 누구나 즐겁게 참여할 수 있는 놀이. 지금부터 시작해 봅시다.

□ 적용 학년

– **3학년 이상**

□ 놀이 형태: 전체 활동

□ 준비물: 활동지(학급 인원만큼), 가위

분수

자연수

통분과 약분

□ 놀이 방법

□ 체스페이퍼 폴딩 : 4개의 같은 숫자가 2*2의 사각형 안에 들어오도록

종이를 돌리고 접고 펴는 활동을 반복하는 놀이. 1~8까지 8개의 숫자

로 8가지 형태로 나타낼 수 있다.

4	5	3	3
2	2	3	2
8	4	4	4
8	5	2	3

앞면

5	1	7	7
5	1	1	1
6	8	6	6
6	8	7	7

뒷면

 모았을 때 숫자의 위아래가 바뀌어도 인정

※ 유튜브에 '체스페이퍼 폴딩'을 검색하면 접는 방법에 대한 자세한 안내가 소개되어 있습니다.

① [준비하기] 교사는 활동지를 모든 아이들에게 나누어 준다.

② 아이들은 활동지의 모든 선을 접는다.

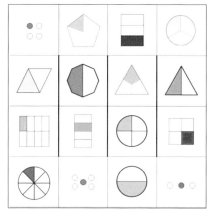 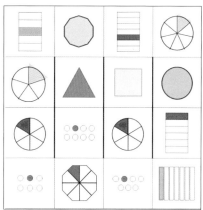

앞   뒤

③ 다시 펼친 후 반으로 접어 진하게 표시된 부분까지만 가위로 자른다.

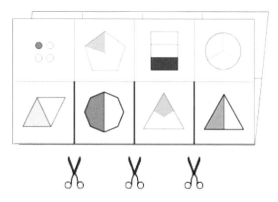

259

④ 그림을 보며 어떤 분수들이 있는지, 같은 분수들은 어떤 것들이 있는지 찾는다.

⑤ 종이를 다양한 방향으로 접고 돌리고 펴면서 4개의 사각형 안에 같은 분수가 들어오도록 만든다. 1, 1/2, 1/3, 1/4, 1/5, 1/6, 1/7, 1/8 총 8개의 경우의 수가 있으므로 차례대로 만든다.

⑥ 자신이 만든 퍼즐을 순서대로 맞추어 보고 각 분수를 모을 수 있는 방법을 짝에게 설명한다.

□ 놀이로 배움을 만들어요

이 활동은 배움 요소를 찾고 퍼즐을 맞춰야 하는 복합적인 두뇌활동이 필요합니다. 체스페이퍼 폴딩을 맞추려면 먼저 자신이 선택한 분수와 같은 모형의 분수들을 찾아야 합니다. 그 과정에서 분수의 개념을 이해하고 있는지 점검해 볼 수 있습니다. 분수를 찾고 나서는 다시 어떻게 하면 4개의 같은 분수를 모을지 접는 방법을 궁리해야 합니다. 해결해내고 싶은 마음으로 이리저리 접고 돌리고 펴면서 집중력이 발휘되지요.

1~8까지의 숫자로 만드는 체스페이퍼 폴딩의 경우 4개의 숫자가 만났을 때 숫자의 위아래가 바뀌어 나타나기도 하는데 이는 정답으로 인정합니다. 분수를 처음 접하는 3학년 시기이거나 분수 개념이 잘 정립되지 않은 아이라면 뒤집힌 형태로 인해 오개념이 생길 수도 있습니다.

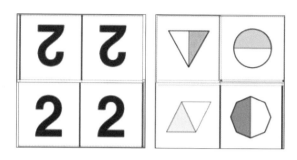

분수 체스페이퍼 폴딩은 분수 대신에 분수 모형을 넣었기 때문에 위아래가 바뀌어도 상관이 없습니다.

□ 이렇게도 할 수 있어요

〈통분과 약분 – 형태는 달라도 크기가 같은 분수〉

5학년 과정에서 다루는 분수부터는 수의 크기가 커져 분수 모형으로 나타내는 데 한계가 있습니다. 5학년 정도라면 위아래가 바뀐 형태의 분수도 인정한다는 합의를 통해 수의 형태로 충분히 놀이가 가능합니다.

$\dfrac{3}{15}$	1	$\dfrac{3}{21}$	$\dfrac{4}{28}$
$\dfrac{4}{20}$	1	1	1
$\dfrac{2}{12}$	$\dfrac{1}{8}$	$\dfrac{9}{1}$	$\dfrac{3}{18}$
$\dfrac{4}{24}$	$\dfrac{2}{16}$	$\dfrac{1}{7}$	$\dfrac{2}{14}$

$\dfrac{16}{4}$	$\dfrac{1}{5}$	$\dfrac{2}{6}$	$\dfrac{3}{9}$
$\dfrac{3}{6}$	$\dfrac{2}{4}$	$\dfrac{1}{3}$	$\dfrac{2}{1}$
$\dfrac{3}{24}$	$\dfrac{4}{1}$	$\dfrac{2}{8}$	$\dfrac{3}{12}$
$\dfrac{4}{32}$	$\dfrac{2}{10}$	$\dfrac{8}{4}$	$\dfrac{4}{12}$

<분수의 덧셈>

더하면 1이 되는 분수 찾기는 다양한 조합이 나올 수 있어 난이도가 높은 편입니다. 8회를 모두 다르게 접는 방법이 있다고 안내하지 말고 1을 1회 이상 만들어 보기로 안내하는 것이 좋습니다.

$\frac{4}{16}$	$\frac{3}{10}$	$\frac{2}{6}$	$\frac{2}{9}$	$\frac{2}{5}$	$\frac{1}{4}$	$\frac{1}{14}$	$\frac{5}{14}$
$\frac{1}{12}$	$\frac{1}{4}$	$\frac{1}{3}$	$\frac{3}{12}$	$\frac{1}{5}$	$\frac{1}{2}$	$\frac{1}{8}$	$\frac{1}{8}$
$\frac{3}{16}$	$\frac{1}{4}$	$\frac{2}{8}$	$\frac{3}{12}$	$\frac{7}{12}$	$\frac{1}{8}$	$\frac{1}{6}$	$\frac{3}{18}$
$\frac{4}{16}$	$\frac{1}{10}$	$\frac{5}{12}$	$\frac{1}{9}$	$\frac{2}{24}$	$\frac{2}{8}$	$\frac{1}{7}$	$\frac{3}{7}$

아이들에게 각 숫자를 모을 수 있는 방법을 설명하는 설명서 만들기 활동을 해 볼 수도 있습니다. 혼자 접으며 설명서를 적는 것은 어렵기 때문에 짝과 함께 활동하는 것이 좋습니다. 한 사람이 접으면서 설명하면 짝이 설명하는 것을 적습니다. 설명서를 적고 나면 적은 설명서를 보면서 다시 한번 접어 봅니다. 잘 접어지면 설명서는 잘 완성된 것입니다. 잘 접히지 않아 보충이 필요하면 짝과 함께 의논하여 정리하면 됩니다.

〈아이들의 설명서〉

□ 수업의 팁

- 다른 분야에 적용하고 싶을 때는 먼저 기본형태로 하는 연습을 해보고 새로운 형태를 적용하면 아이들이 쉽게 적응할 수 있습니다.

- 수의 형태로 하다 보면 위아래가 바뀌어 나타나는 조합이 있습니다. 변형가능성의 〈통분과 약분 – 형태는 달라도 크기가 같은 분수〉의 예시처럼 미리 분수를 돌려 쓰게 해서 활동할 수 있습니다.

- 예시는 모두 정사각형으로 안내되어 있지만 A4용지를 16칸씩 접어 직사각형의 형태로 만들어도 접어 만드는 데 무리가 없습니다. 화면에 들어갈 수를 띄워주고 아이들이 직접 쓰게 할 수도 있습니다.

- 어느 정도 연습이 끝나면 시간 제한을 두고 교사가 정한 분수를 빨리 맞히기 놀이를 해도 재미있습니다.

에필로그

오늘 수학 시간에
무슨 놀이해요?

수학 놀이 수업 후 아이들의 소감문입니다.

'수학 놀이를 하면서 친하지 않은 친구와 놀이를 하며 점점 친해져 친구가 많아져 좋았다. 같이 해결했을 때 정말 행복했다. '와 어렵다.'라고 생각하던 문제도 '다르게, 다시 해 보자.'라고 생각했다. 또 문제를 해결하고 나면 '진짜 어려운 문제인데 내가 해냈잖아.' 뿌듯했다. 나에게 수학은 어려운 과목이다. 하지만 친구들이 도와주니까 수학은 재미있다.

나를 도와주는 우리 반 친구들이 고맙고 감사하다. 어려운 문제는 골똘히 생각하니까 풀리는 게 좋았다. 뭔가 목욕탕에 가서 다 씻고 집에 가는 기분이랄까. 수학을 하면 좀 개운하다.

어려운 부분도 있었지만 차근차근 하다 보니 실력이 조금이나마 좋아졌다. 난 분수를 잘 못했다. 나누기도 못했다. 근데 놀이를 하면서 친구가 이렇게 저렇게 하는 것이 좋다고 했다. 지금은 이해가 좀 된다. 놀이하면서 지식이 많아진 것 같다. 앞으로 이렇게 수학을 배우면 100점 맞을 수 있을 것 같다.

처음에는 솔직히 말해서 수학 놀이를 할 때 힘들었다. 왜냐하면 모둠 친구랑 잘 맞지 않아 갈등이 많았다. 문제 해결에서 의견이 맞지 않아 싸울 때도 있었는데 그래도 둘 다 놀이를 해야 해서 크게 화내지 않고 참으며 말했다. 뒤에는 점점 협동이 잘된 것 같아서 좋아졌다. 이제 친구들과 다른 것을 할 때도 협동하여 하려고 노력한다. 앞으로 배움을 잊지 않고 살아야겠다.

수학은 지루합니다. 하지만 여기는 놀면서 수업을 하니까 귀에 쏙쏙 들어옵니다. 좀 더 똑똑해진 기분이 듭니다. 정말 유익했으며 여러 가지, 가지각색(?) 문제를 해결하려고 친구들과 협동심을 키웠습니다. 학교 놀이를 집에서도 했는데 가족에게도 재미있는 시간이었습니다. 이렇게 수학 수업을 하니 생각하는 힘이 키워진 것 같습니다. 그 생각하는 힘은 다른 곳에도 도움이 많이 될 것 같습니다. 올해 수학 수업은 제가 배운 수학 중에서 최고입니다.

올해 수학은 짜릿했다. 나는 수학 시간이 제일 싫었는데 지금은 수학 시간마다 기대된다. 모르는 게 있으면 더 많이 배우고 싶다. 예전에는 수학이 없어지면 좋겠다고 생각했는데 이제 수학은 꼭 있어야 할 수업이라고 생각한다. 수학은 학년이 올라갈수록 어려워진다고 생각했는데 더 재미있어질 것 같다. 물론 어려운 문제 풀 때는 아직도 머리가 터질 것 같고 화가 날 때도 있지만 해결하고 나면 속이 시원하다.

기술의 발전으로 물건을 구매할 때 판매자와 접촉 없이 물건을 사는 새로운 소비경향을 뜻하던 언택트(Untact)가 코로나 19로 많이 쓰이는 신조어가 되었습니다.

사회적 거리 두기 시기, 학교도 비대면 교육을 해야 했습니다. 컨택트(Contact)를 추구하는 학교조차 언택트를 할 수밖에 없었지요. 그 시기를 맞아 학교 현장은 지혜롭게 위기를 극복하기 위해 많은 노력을 하였습니다. 하지만 초등학교에서

학력 저하뿐만 아니라 공동체 의식을 키우고 긍정적인 또래 관계를 형성하는 데 공백이 생겼습니다.

팬데믹으로 학교는 수업, '배움의 교육'의 본질적 가치의 중요성을 다시 정립할 기회를 얻었다고 생각합니다. 교육은 다시 연결(콘택트)에 집중하여야 합니다. 아이들과 교사, 아이들과 아이들, 아이들과 교과 내용 모두 유기적으로 연결해야 하지요.

예전에는 골목, 놀이터마다 끼리끼리 노는 아이들 모습을 많이 볼 수 있었습니다. 요즘에는 놀 수 있는 공간과 시간이 부족합니다. 우리는 즐겁게 놀 때 서로에게 연결되어 있음을 크게 느끼지요. 많은 친구들과 오랜 시간을 보내는 곳이 학교입니다. 즐겁게 놀면서 배울 수는 없을까요?

놀이 수업을 하면서 아이들은 수업 시간에 가만히 앉아서 앞만 바라보지 않고 주어지는 것만을 수동적으로 따라오기를 강요받지 않아 자유로워했습니다. 여러 번의 실패와 그 결과 가져온 성공에 크게 즐거워했지요.

놀이 수업을 하면서 아이들의 얼굴빛이 살아나기 시작했습니다. 수학 시간 무엇을 할지 궁금해하는 아이가 늘어났으며 끝나고 나서 수업 활동에 대해 이야기를 더 나누고 싶어 하는 경우도 많아졌답니다.

교실이 시끄러울 것 같아 수업 놀이 적용을 망설이고 계셨던 분,

수업에 놀이를 하면 배움이 진짜 일어나는지 의심을 가지셨던 분,

놀이를 했지만 배움이 잘 보이지 않아 고민하셨던 분들에게 이 책이 도움이 되면 좋겠습니다.

마지막으로 '수업, 한 권의 책이 되다' 2023 초등교사 책 출판 지원 사업에 선정되어 책을 출판할 수 있도록 물심양면으로 지원해 주신 경상남도교육청에 깊은 감사를 드립니다.

아이들의 수학에 대한 관심도를 좀 더 정확하게 파악해보고 싶다는 생각을 해 본적 있으신가요?

가끔 개인적으로 문항을 만들어 수학이란 □ 다. 수학을 공부해야 하는 이유 등을 간단한 설문지로 알아보기는 하지만 그것으로는 아이들의 수학의 이해도나 관심정도를 정확히 파악하기는 어렵습니다.

수학이란 **숲** 이다.	수학을 공부하는 이유?
왜냐하면 수학에 대해 계속 생각을 하면 우리가 모르는 새로운 공식이 나오고 알지 못한 것들도 많기 때문이다.	수학은 꼭 필요하기 때문이다. 수학을 공부하지 않았다면 달력도 모르고 무게, 들이, 거리를 잘 알 수 없기 때문에 수학을 공부해야 한다.

수학교과에 대한 학습동기를 좀 더 신뢰되고 타당하게 진단해보고 싶다면 기초학력지원사이트 꾸꾸(http://www.basics.re.kr/)를 참고하시기 바랍니다.

정서/심리지원 카테고리에 학습준비도 검사 안에 수학 학습동기 검사가 있습니다. 교사가 학생 정보를 등록하고 학생에게 인증번호를 전달하면 특별한 가입절차 없이 휴대폰이나 스마트 단말기 등을 이용해 다양한 학습준비도 검사를 할 수 있습니다.

〈수학학습동기 검사 총 32개 항목〉

검사를 마치고 나면 아래와 같은 수학 학습동기 검사 결과를 얻을 수 있습니다. 무동기/외부규제 외재 동기/주입된 외재 동기/통합된 외재 동기/지식추구 내재

271

동기/성취추구 내재 동기/자극추구 내재 동기 등 8개의 학습동기유형에 따른 검사학생의 자율성지수를 나타내 줍니다. 그래프를 보면 지식, 성취, 자극 추구가 높을수록 수학학습에 대한 자기결정성이 높음을 나타낸다고 합니다.

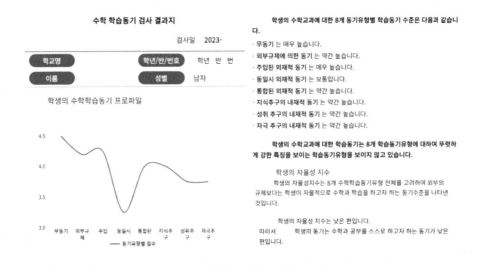

수학 학습동기 검사 결과지

검사일   2023-

| 학교명 | | 학년/반/번호 | 학년 반 번 |
| 이름 | | 성별 | 남자 |

학생의 수학학습동기 프로파일

학생의 수학교과에 대한 8개 동기유형별 학습동기 수준은 다음과 같습니다.

· 무동기 는 매우 높습니다.
· 외부규제에 의한 동기 는 약간 높습니다.
· 주입된 외재적 동기 는 매우 높습니다.
· 동일시 외재적 동기 는 보통입니다.
· 통합된 외재적 동기 는 약간 높습니다.
· 지식추구의 내재적 동기 는 약간 높습니다.
· 성취 추구의 내재적 동기 는 약간 높습니다.
· 자극 추구의 내재적 동기 는 약간 높습니다.

학생의 수학교과에 대한 학습동기는 8개 학습동기유형에 대하여 뚜렷하게 강한 특징을 보이는 학습동기유형을 보이지 않고 있습니다.

학생의 자율성 지수
학생의 자율성지수는 8개 수학학습동기유형 전체를 고려하여 외부의 규제보다는 학생이 자율적으로 수학과 학습을 하고자 하는 동기수준을 나타낸 것입니다.

학생의 자율성 지수는 낮은 편입니다.
따라서   학생의 동기는 수학과 공부를 스스로 하고자 하는 동기가 낮은 편입니다.

〈수학학습동기 검사 결과지〉

수학에 대한 불편을 느끼거나 부적응 문제를 가지고 있는 아이가 있다면 심리

검사를 통해 문제를 좀 더 명확히 할 수 있고, 수학과 공부를 하고자 하는 동기가 낮은 아이에게는 알맞은 피드백이나 심리적 지원을 고민해 볼 수 있으리라 생각합니다.

추천사

수업, 한 권의 책이 되다

선생님들의 수많은 수업 노하우를 공유할 방법은 없을까?

그러한 수업이 책이 된다면?

이러한 취지로 경상남도교육청에서는 '교사의 책 쓰기'를 지원하였고 드디어 선생님들의 수업노하우가 하나 둘 책으로 엮어져 나오게 되었습니다. 「놀이가 수학을 만들다」가 그 결과물입니다.

놀이와 수학. 수학공부가 놀이라고?

상상해 봅니다. 즐거운 놀이가 바로 수학수업이라니 저절로 미소가 지어집니다. 대부분의 수학 놀이 책들은 놀이하는 방법, 놀이 활동사진, 활동지가 주를 이루었다면 이 책에 소개되는 수학 놀이들은 아이들의 삶과 닿아 있습니다. 학생들의 배움이 놀이를 통해 이루어지는 이야기를 전하고 있습니다. 교실에서 학생들이 배울 때 겪는 이야기에 공감이 되어 마음이 따뜻해집니다.

이 책 대부분의 수학놀이는 특별한 준비 없이 교실에서 쉽게 적용해 볼 수 있습니다. 놀이 자체가 수업이 되어 놀이=배움이 골고루 비벼져 배울 내용을 거뜬히 소화해 낼 수 있게 구성이 된 점 또한 매력입니다. 게다가 놀이마다 다양한 적용 가능성을 열어두었기에 교사들이 새롭게 바꾸어보거나 도전할 수 있게 합니다. 덕

분에 수업 현장에 폭넓게 적용할 수 있는 점이 이 책의 장점이라고 생각합니다.

수학을 싫어하는 아이들과 어떻게 배움을 이어나갈까 고민되는 선생님들께 참으로 좋은 자료가 될 듯합니다. 평소와 다른 수업으로 아이들을 환기시킬 수 있는, 수학에 흥미를 가질 수 있는 놀이들이 아닌가 생각됩니다.

아이들과 재미있는 수업을 하고 싶은 선생님,

아이들과 소통하며 즐거운 교실을 만들고 싶은 선생님,

아이들과 놀이를 하고 싶은데 어떻게 해야 할지 고민되는 선생님,

다양한 방법으로 수업을 진행해보고 싶은 선생님,

수학 교과가 재미없고 어렵다고 느껴지는 선생님,

수학의 즐거움을 알려주고 싶은 선생님,

이 모든 선생님들께 새로운 수업의 패러다임을 알려주는 지침서가 되리라 생각됩니다.

교과서는 이제 교사수준교육과정의 활용서일 뿐입니다. 이 책에 소개된 놀이로 학생들도 선생님도 행복한 수학수업을 열어가 보시면 어떨까요? 아이들과 즐거운 수학 수업을 꿈꾸는 선생님들께 「놀이가 수학을 만들다」가 많은 도움이 되기를 바랍니다.

경상남도교육청 초등교육과

박영선

MEMO